Wandern am Wasser Ostösterreich

Berg- und Steppenseen, Schluchten, Klammen, Wildbäche, Stromlandschaften

51 Touren zwischen Enns und Neusiedler See

Franz und Rudolf Hauleitner

ROTHER
BERGVERLAG

Vorwort

Zu den Höhepunkten des sommerlichen Wanderns gehören Unternehmungen am Wasser, an Seen und sprudelnden Gebirgsbächen, durch Schluchten und Klammen, zu schäumenden Wasser-Kaskaden und tosenden Wasserfällen. Dabei sind Wanderungen in den Mittelgebirgen und flachen Landschaften noch stärker auf das Wasser konzentriert als etwa im Hochgebirge, wo Hütten- und Gipfelziele vorrangig auf der Wunschliste des Bergwanderers stehen. Touren an den Wasserufern sind zu jeder Jahreszeit reizvoll, die Hoch-Zeiten dafür sind aber eindeutig der Frühling und der Frühsommer, wenn Schmelzwasser und Niederschläge Flüsse anschwellen und Seen überlaufen lassen, wenn brausende Bäche und donnernde Wasserfälle unsere Sinne betören und die Luft vom funkelnden Hauch der zerstäubenden Wassermassen erfüllt ist.

Erwartungsgemäß begeistert von Wassertouren sind vor allem die Kinder mit ihrer natürlichen Neugier, unbändigen Energie und ihrem großen Tatendrang. Sie lieben es, an Rinnsalen, Bächen und Seen zu planschen, tollen und spielen. Die hier vorgestellten Touren sind für alle Wanderer geeignet. In der Kurzinfo finden sich aber auch ausführliche Angaben zu Kindereignung und Bademöglichkeiten. Dass die Erwachsenen, um Gefahren zu vermeiden, stets ein waches Auge auf die Sprösslinge werfen sollten, sei betont.

Der Osten Österreichs, das Gebiet um Wien mit der »schönen blauen Donau« als zentraler Wasserader und den zahllosen Zubringerflüssen aus den Alpen und den Mittelgebirgen der Böhmischen Masse bietet ein reiches Repertoire unterschiedlichster Wandervorhaben, auch mit Wassergenuss.

Die Tourenauswahl in dem vorliegenden Wanderbuch umfasst den Einzugsbereich der niederösterreichischen Donau, also das Bundesland Niederösterreich mit Randgebieten von Oberösterreich, Steiermark und Burgenland. Dazu gehört zunächst der Donauraum zwischen Wien und Hainburg mit dem Nationalpark Donau-Auen ebenso wie das Gebiet um den Neusiedler See. Im Alpenbereich werden die Wiener Hausberge (Wienerwald, Gutensteiner Alpen, Rax, Schneeberg, Semmering, Wechsel), die westlich angrenzenden Berggebiete der Türnitzer, Ybbstaler und Mürzsteger Alpen sowie die Hochschwabgruppe einbezogen. Im Bereich der Böhmischen Masse beidseits der Donau sind es Dunkelsteinerwald, Wachau, Hiesberg und Strengberg sowie das Wald- und Weinviertel zwischen Donau, Thaya und March.

Glückliche Stunden an den Flüssen, Bächen und Seen im Nah- und Fernbereich von Wien wünschen die Autoren dieses Wanderbuchs

Wien, im Frühjahr 2021   Franz und Rudolf Hauleitner

Liebe Leserinnen und Leser,

infolge der Corona-Krise können sich Änderungen ergeben haben, die bei Redaktionsschluss noch nicht absehbar waren. Soweit möglich, werden wir aktuelle Hinweise unter www.rother.de (beim Buch) zur Verfügung stellen. Sollten Sie geänderte Gegebenheiten vor Ort feststellen, freuen wir uns über Korrekturhinweise per E-Mail an leserzuschrift@rother.de.

Inhalt

4

Wasser – Lebenselixier mit Gefahren

Wasser in seiner Ambivalenz – auf der einen Seite für das Leben ausschlaggebend und notwendig, andererseits auch zerstörerisch und abbauend – ist dem Wanderer ein vertrauter Begleiter. In seinen drei Aggregatzuständen flüssig, fest und gasförmig ist es auch ein Zeichen für die nie ganz durchschaubare Gestalt der Natur, die von ihm durchdrungen wird wie durch kaum ein anderes Element.

Wasser in flüssiger Form stellt mechanisch aufgrund seiner Fließbewegung vom höheren zum tieferen Niveau ein ausgleichendes, nivellierendes Element dar. Auch klimatisch führt es aufgrund seiner, verglichen mit dem festen Boden, höheren Wärmekapazität (kühl im Sommer, warm im Winter) zu einem Temperaturausgleich zwischen Meer, See, Fluss und Land. Im festen und gasförmigen Aggregatzustand verstärken sich hingegen die Phänomene: In der Luft gelöstes Wasser (Wasserdampf) erhöht im Sommer das Schwüle-Empfinden, Eis- und Schneebedeckung im Winter lassen dagegen die Lufttemperaturen sinken. Aber gerade diese Schneedecke wiederum erweist sich als idealer Isolator, verhindert ein Durchfrieren des darunter liegenden Erdbodens, schont damit Pflanzen und Tiere.

Wassernähe kann auf Streifzügen an Fluss- und Seeufern erfahren werden, aber auch abseits der Gestade, in den von ihm geformten Tälern, Fluss- und Stromlandschaften. Und wird nicht jedes Unternehmen automatisch zu einer »Wassertour«, wenn uns der Wettergott – nicht immer zur Erbauung des nach blauem Himmel, Sonne und Wärme dürstenden Wanderers und Fotografen – mit Wolken, Regen, Schnee oder Hagel konfrontiert?

Das insgesamt grüne Erscheinungsbild des hier gewürdigten Gebiets, seine üppigen Felder, saftigen Wiesen, dichten Wälder und reiche Vegetation bis über die 2000-Meter-Marke hinaus sind den über das Jahr verteilten, zum Teil erheblichen Niederschlägen zu danken, die jedoch im Schatten der Alpen, in den Randgebieten der ungarischen Tiefebene, im Marchfeld und im Neusiedler-See-Gebiet einem eher trockenen Steppenklima Platz machen. Die Flüsse Schwarza, Piesting, Triesting, Traisen, Pielach, Erlauf und Enns sowie die unter Kajakfahrern und Wildwasserpaddlern überaus geschätzte Salza zeugen vom Wasserreichtum der zu Füßen der großen Kalkgebirge zutage tretenden Quellen. Ihre Ergiebigkeit und vor allem die Wasserqualität waren schon um 1730 dem Wiener Kaiserhaus bekannt. So ließ sich Kaiser Karl VI. einmal wöchentlich durch eine Reiterstaffel Wasser vom Kaiserbrunnen im Höllental (Schneeberggebiet) nach Wien bringen. Unter Kaiser Franz Joseph wurde zwischen 1870 und 1873 die 90 km lange Erste Wiener Hochquellenwasserleitung von Kaiserbrunn nach Wien gebaut, der zwischen 1900 und 1910 eine 170 km lange zweite Leitung aus dem Hochschwabgebiet (Weichselboden) folgte, mittels derer genau jenes Quellwasser aus dem Gebirge dann nicht nur an den Kaiserhof gebracht wurde.

Doch das Wirken des Wassers wird nicht nur in der belebten Natur sichtbar. Auch an den Gesteinen zeigen sich die Jahrmillionen anhaltenden Spreng-, Schleif- und Schürfprozesse des Wassers als landschaftsbildende formende Kraft und somit das aktuelle Alpenantlitz – eine Momentaufnahme – als das Resultat unaufhaltsamer Abbauprozesse. Der Mensch hat es seit jeher verstanden, sich die Wasserkraft nutzbar zu machen wie etwa in der Flößerei, in Kraftwerken, Mühlen und Energiebetrieben. Vom Erzberg ausgehend hat die Eisenverarbeitung in den steirischen, ober- und niederösterreichischen Voralpen (»Eisenwurzen«) einen hohen Stellenwert, da hier die zur Verarbeitung notwendigen Faktoren, Wasser und Holz, in reichem Maß vorhanden waren, was die zahlreichen »Hämmer« (Schmieden) an den großen Gebirgsflüssen belegen.

Aber das Wasser hat auch seine Schattenseiten: Intensives Tauwetter, Starkregenfälle bei hohen Temperaturen (Schneefallgrenze im Gebirge oberhalb des Gipfelniveaus), wie wir sie im Zuge der globalen Erwärmung immer häufiger erleben, führen rasch zu Überschwemmungen, da der Boden die enormen Wassermassen nicht mehr aufnehmen kann. Die fast schon jährlichen sommerlichen Hochwässer entlang der Donau und an den Flüssen der Voralpen belegen dies.

Wasser ist Bewegung, ist Leben und Lebenselixier. Es steht damit in enger Beziehung zum Wandern, das von der Bewegung lebt und uns Daseinsfreude und Wohlbefinden beschert. Beim Wandern am Wasser kommt man damit Mutter Natur noch ein Stückchen näher als sonst. Auf ausgedehnten Streifzügen die Schönheiten und den Reichtum an natürlichen Fluss- und Seenlandschaften zu erkunden, die Idylle glucksender Bergbäche zu erfahren, die oft herbe Schönheit entlegener Bergseen, die Wucht niederstürzender gischtender Wassermassen zu erleben und aufzuspüren, das ist die Intention dieses Buches, das herrliche Wasserwanderungen im Osten Österreichs vorstellt.

Der Kamp in der Bründlleiten bei Stift Altenburg (Tour 39).

Allgemeine Hinweise

Anforderungen

Die meisten Wanderungen verlaufen auf gut instand gehaltenen, markierten Steigen und Wegen, sind also im alpinistischen Sinn leichte Unternehmungen. Wenige Touren verlangen bergsteigerische Übung, Trittsicherheit, Schwindelfreiheit und Ausdauer. Um die jeweiligen Anforderungen besser einschätzen und vergleichen zu können, wurden die Nummern der einzelnen Tourenvorschläge mit verschiedenen Farben versehen:

▶ Leicht

Wanderungen auf markierten, meist gut trassierten Wegen und Pfaden. Einfach und in der Regel nur wenig anstrengend. Auch für Kinder und Senioren geeignet, teilweise auch bei Schlechtwetter begehbar.

▶ Mittel

Bergwanderungen auf meist ausreichend markierten Pfaden und Steigen, die häufig schmal und steil angelegt sind und über kurze Abschnitte etwas ausgesetzt sein können. Trittsicherheit, etwas Schwindelfreiheit und Orientierungsvermögen nötig.

▶ Schwierig

Anspruchsvolle Bergtouren mit unmarkierten, zum Teil auch weglosen Passagen. Stellenweise können die Steige sehr ausgesetzt sein, manchmal wird die Zuhilfenahme der Hände notwendig (leichte Kletterei im Schwierigkeitsgrad I bis I+), an gesicherten Passagen ist mitunter ein Klettersteig-Set nötig. Nur für absolut trittsichere, schwindelfreie, konditionsstarke und alpin erfahrene Geher.

Gehzeiten

Man beachte, dass sich die Zeitangaben (Gesamtgehzeit in der Kurzinfo, detailliert in den Höhenprofilen) nur auf die reine (durchschnittliche) Gehzeit beziehen. Rasten, Verlangsamung der Gehgeschwindigkeit durch Übermüdung usw. sind darin nicht enthalten. Beachten sie auch, dass mit (kleineren) Kindern deutlich langsamer gegangen wird (ca. 1/3 längere Gehzeit). Wiederholt eingelegte Pausen können in Summe die Gehzeit wesentlich verlängern. Zeitangaben sind natürlich auch subjektiv.

GPS-Tracks und Koordinaten der Ausgangspunkte

Zu diesem Wandbuch stehen auf www.rother.de GPS-Tracks und Koordinaten der Ausgangspunkte zum kostenlosen Download bereit.

3. Auflage, Passwort: **314503aue**

Die GPS-Daten wurden von den Autoren teils im Gelände, teils auf einer digitalen Karte erfasst. Verlag und Autoren haben die Tracks und Wegpunkte nach bestem Wissen und Gewissen überprüft. Dennoch können wir Fehler oder Abweichungen nicht ausschließen, außerdem können sich die Gegebenheiten vor Ort zwischenzeitlich verändert haben. GPS-Daten sind zwar eine hervorragende Planungs- und Navigationshilfe, erfordern aber nach wie vor sorgfältige Vorbereitung, eigene Orientierungsfähigkeit sowie Sachverstand in der Beurteilung der jeweiligen (Gelände-)Situation. Man sollte sich für die Orientierung auch niemals ausschließlich auf GPS-Gerät und -Daten verlassen.

Von den Wassern des Gamsbaches durchtost: die Nothklamm (Tour 24).

Die entsprechende Korrektur zur angeführten Gehzeit kann durch einen anfänglichen Zeitvergleich ermittelt werden (zum Beispiel: 1 Stunde im Buch entspricht 1¼ Stunden persönlicher Gehzeit).

Gefahren

Trotz vorhandener Weg- und Steigtrassen ist an abrutschgefährdeten Stellen, bei Querung steiler Flanken oder hart gefrorener Schneefelder Vorsicht angebracht, wobei auch das Gelände oberhalb des Weges (Steinschlag) zu beachten ist. Bei Schlechtwetter steigern sich die Gefahren. Durch Drahtseile, Eisenleitern oder -klammern gesicherte Steiganlagen sollten bei Gewittern unbedingt gemieden werden. Besonders heikel erweisen sich auch Querungen regennasser, steiler Grashänge. An sich leichtes Felsgelände kann bei Schneelage oder Vereisung auch für Geübte zu einem Problem werden.

Ausrüstung

Die Ausrüstung richtet sich nach Schwierigkeit, Länge und Höhenlage der Tour sowie nach der Jahreszeit und dem Vorhandensein von Stützpunkten. Feste Schuhe mit Profilgummisohle, zweckmäßige, wetterangepasste Bekleidung samt Rucksack, Kappe, Mütze, Pullover, Regenschutz und Anorak, Tourenproviant (Wasserflasche!), Erste-Hilfe-Set, Handy und, bei geplanten Übernachtungen, auch Schlafsack sind Voraussetzung. An gesicherten Felspassagen wird die Verwendung einer entsprechenden Klettersteig-Ausrüstung (Set) empfohlen.

Höhenunterschied

Unter dieser Angabe ist jeweils die Summe der auf einer Tour im Anstieg bzw. im Abstieg zu bewältigenden Höhenunterschiede zu verstehen. Gegensteigungen werden also berücksichtigt.

Im Banne überschäumender Wasserenergie: Rast auf warmen Granitfelsen am Ufer des Kleinen Kamp (Tour 43).

Wichtige Informationen und Telefonnummern

Notruf
▶ Bergrettung, Tel. 140 (kostenlos)
▶ Europäische Notrufnummer, Tel. 112 (kostenlos)

Alpine Auskunft
▶ Österreichischer Alpenverein (ÖAV), Tel. +43/(0)512/587828, www.alpen-verein.at

Alpine Wetterberichte
▶ Zentralanstalt für Meteorologie und Geodynamik (ZAMG), www.zamg.ac.at, Tel. 0900/530111 (persönliche Beratung), 0900/911566-02 (Niederösterreich, Tonband) und 0900/911566-10 (5-Tage-Prognose für Österreich)

Öffentliche Verkehrsmittel
▶ ÖBB Bahn und Bus (inklusive Postbus), Tel. +43/(0)05/1717 (rund um die Uhr), www.oebb.at
▶ Verkehrsverbund Ost-Region (VOR), Tel. 0810/222324 (Mo. bis Fr. 7–20 Uhr, Sa. 7–14 Uhr), www.vor.at
▶ Retter Linien, Tel. +43/(0)2635/62360, www.retter-linien.at

Fremdenverkehrsvereine
▶ Urlaubsservice der Österreich Werbung, Tel. 00800/400200-00 (kostenfrei aus D, A, CH), www.austria.info
▶ Wien-Tourismus, Tel. +43/(0)1/211140, www.wien.info
▶ Niederösterreich-Werbung GmbH, Tel. +43/(0)2742/90009000, www.niederoesterreich.at
▶ Oberösterreich Tourismus, Tel. +43/(0)732/7277-100, www.oberoesterreich-tourismus.at
▶ Steirische Tourismus GmbH, Tel. +43/(0)316/4003-0, www.steiermark.com
▶ Burgenland Tourismus, Tel. +43/(0)2682/633840, www.burgenland.info

Anreise
Viele Ausgangspunkte sind mit öffentlichen Verkehrsmitteln erreichbar. Manchmal jedoch ist die Anfahrt mit dem eigenen Fahrzeug unerlässlich. Hinweise dazu findet man in der Kurzinfo.

Beste Jahreszeit
Der Hochsommer ist für Touren in hochalpinen Lagen die beste Jahreszeit. In allen übrigen Zonen bieten Frühling, Frühsommer, Herbst und Spätherbst, der niedrigen Gipfelfluren und der damit verbundenen sommerlichen Hitze wegen, bessere Bedingungen.

Kinder
Wanderungen, die mit Kindern unternommen werden können, sind in diesem Buch durch ein Symbol gekennzeichnet. Bei Kindern zwischen fünf und 15 Jahren ist weniger die Schwierigkeit einer Tour als die gebotene Abwechslung ausschlaggebend, denn junge Menschen lieben das Abenteuer, die sportliche Betätigung und das Spiel in freier Natur. Man bedenke: Ein einziger fader

Waldhatscher kann für den heranwachsenden Sprössling das vorläufige Ende seiner bergsteigerischen »Karriere« sein. Auf einer längeren Tour sind Einkehrmöglichkeiten unterwegs ein wichtiges Kriterium für eine Kindertauglichkeit. Dort können die Kinder, losgelöst vom »Zwang« der Leistung, ausreichend spielen, sich unterhalten und mit Freunden herumtollen. Und sollte das zumutbare Tagespensum schon erreicht sein, besteht immer noch die Möglichkeit zur Übernachtung (lustige Hüttenabende, spektakuläre Nachtgewitter usw. bleiben in dauerhafter Erinnerung), um das Unternehmen anderntags ausgeruht und gut gelaunt fortzusetzen.

Gerade Wanderungen in der hier beschriebenen Form, durch Klammen, zu stäubenden Wasserfällen, an tosenden Bächen oder an Seen entlang, sind für Kindern besonders attraktiv und ein sicheres Erfolgsrezept. Weniger beliebt sind monotone Forststraßen, dafür erregen steile und den Eltern manchmal gefährlich erscheinende Felsabschnitte oder durch Drahtseile, Eisenleitern usw. gesicherte Wegpassagen helle Begeisterung.

Bademöglichkeit

An heißen Sommertagen kann ein Sprung ins kühle Nass, in einen klaren Bergsee oder Bachtümpel zur Wonne werden, wenngleich das Baden nicht an jedem See oder Teich gestattet ist (auf Verbote achten!). In der Kurzinfo zu jeder Tour wird auf solche Möglichkeiten verwiesen. Gefährlich können Badeversuche in reißenden Gebirgsbächen sein, ein vorheriges Abschätzen der Gefahren ist in jedem Fall vonnöten.

Telefon

Für Telefonate von und nach Österreich gelten folgende Landesvorwahlen:

▶ aus Deutschland, Italien, Ungarn, Tschechien, Slowakei und der Schweiz nach Österreich: 0043.

Ein ideales Bade- und Spielgewässer: der Obere Kamp bei der Hahnsäge zwischen Roiten und Zwettl (Tour 42).

Badestrand an der Donau bei Stopfenreuth (Tour 49).

▶ aus Österreich nach Deutschland 0049, Italien 0039, Ungarn 0036, Tschechien 00421, in die Slowakei 00420 und in die Schweiz 0041. Achtung! Außer bei Italien entfällt an der darauf folgenden Ortsnummer die erste Null!

Notruf

Neben den kostenlosen Notrufnummern 112 und 140 (siehe Seite 11) lassen sich per Handy SOS-Meldungen an Notfallkontakte absetzen. Über das Smartphone kann man einen Ortungsdienst aktivieren, um den eigenen Standort mitzuteilen.

Alpines Notsignal

Das Notsignal in den Bergen besteht aus einem sechsmal in der Minute (alle 10 Sekunden ein Signal) abgegebenen optischen oder akustischen Zeichen. Nach einem Intervall von einer Minute wird die Signalfolge so lange wiederholt, bis Antwort erfolgt. Die Fremdantwort (»Ich habe verstanden.«) besteht aus einem dreimal in der Minute (alle 20 Sek. ein Signal) abgegebenen Zeichen.

Schutzhütten, Gaststätten, Restaurants, Jausenstationen

Die in der Kurzinfo bei den Einkehrmöglichkeiten angegebenen Bewirtschaftungszeiten sind Richtzeiten. Sie können vor allem durch die Lage der Wochenenden etwas schwanken. Ferner werden im Juli und August Ruhetage oft nicht eingehalten. Gleiches gilt auch für die Betriebszeiten von Beförderungsmitteln.

Karten

Neben den beigegebenen mehrfarbigen Karten meist im Maßstab 1:50.000 mit Routeneintragungen werden als ergänzende Orientierungshilfe die Karten von Freytag & Berndt (Blätter WK 010, 011, 012, 013, 014, 015, 022, 023, 031, 041, 051, 052, 062, 070, 071, 073, 074, 075, 076 und 271) empfohlen.

Nächste Doppelseite: Der Leopoldsteiner See, im Osten überragt vom Pfaffenstein (Hochschwabgruppe, Tour 25).

1 ## Beethovengang und Kahlenberg

Auf den Kahlenberg und entlang der Donau zurück ★★

An der Geburtsstätte der »Pastorale«

Ob es wirklich der kleine Schreiberbach bei Nussdorf im 19. Wiener Gemeindebezirk war, der, damals noch im Wienerwald gelegen, Beethoven zur berühmten »Szene am Bach« seiner 6. Symphonie (»Pastorale«) inspiriert hat, darüber scheiden sich die Geister. Reizvoll ist indes eine Begehung des »Beethovengangs« am murmelnden Bächlein entlang immer, unabhängig davon, ob diese mit einer Besteigung des Kahlenbergs verbunden wird oder nicht. Peilen wir jedoch diesen an, so bildet der Beethovengang gerade einmal die kurze Einleitung. Auf den Kahlenberg – er hieß der zahlreich vorkommenden Wildschweine wegen einst auch »Sauberg« oder »Schweinsberg« – führte ebenfalls von Nussdorf weg früher eine für die Weltausstellung 1873 konzipierte, aber erst 1874 eröffnete, nach dem Vorbild der Schweizer Rigi-Bahn errichtete dampflokbetriebene Zahnradbahn, die 1921 aus Rentabilitätgründen (Kohlemangel nach dem Ersten Weltkrieg) stillgelegt werden musste. Dass es einem 1873 vom Donauufer auf den Leopoldsberg führenden Schrägaufzug ähnlich erging (Stilllegung schon 1876), hat in jüngster Zeit Wiens Stadtväter nicht davon abgehalten, über eine neue sechs Kilometer lange Kleinkabinenbahn (10er-Gondeln) auf den Kahlenberg nachzudenken. Diese soll von der U6-Station Neue Donau am Donauufer entlang und über die Kuchelau führen und jährlich über 600.000 Besucher auf diesen Parade-Aussichtsberg von Wien befördern.

KURZINFO

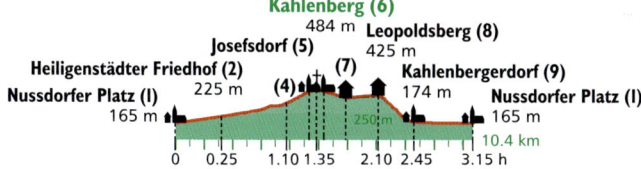

Ausgangspunkt: Nussdorfer Platz, 172 m, in Nussdorf am nördlichen Stadtrand von Wien. Haltestelle der Franz-Josefs-Bahn und Straßenbahnlinie D.

Gehzeit: 3.15 Std.

Höhenunterschied: 350 m.

Anforderungen: Einfache Wanderung, fast zur Gänze auf asphaltierten Fahrwegen.

Kinder: Die Tour kann an nicht allzu heißen Tagen problemlos mit Kindern unternommen werden. Zahlreiche Einkehrmöglichkeiten unterwegs. An Highlights seien die 22 m hohe Stephaniewarte am Kahlenberg-Gipfel (siehe unter Hinweis) sowie der »Waldseilpark Kahlenberg« bei der Josefinenhütte erwähnt (siehe Tipp).

Einkehr: Café-Restaurant Kahlenberg (Do.–So. 11–23 Uhr geöffnet); Coffee Shop Kahlenberg (Getränke, einfache Speisen, ganzj. geöffnet, 7–21 Uhr, im Sommer bis 24 Uhr); Suite Hotel Kahlenberg (20 Suiten, ganzj. geöffnet); alle in

Josefsdorf. Restaurants (auch Heurigenbetriebe) in Nussdorf, Kahlenbergerdorf und entlang der Donauufer-Promenade.

Variante: Im Abstieg kann man von Josefsdorf zurück zur Kreuzung »Eiserne Hand« wandern und dort links der steilen asphaltierten Eisenehandgasse hinab nach Kahlenbergerdorf folgen. Zwar weniger schön, aber 30 Min. kürzer als die Hauptroute.

Hinweis: Die Stephaniewarte am Kahlenberg-Gipfel bietet ein tolles Panorama über Wien und das Wiener Becken bis zu den Gutensteiner Alpen und zum Schneeberg. Die Warte ist bei Schönwetter vom 1. Mai bis 31. Okt. Sa. 12–18 Uhr, So. und Feiertag 10–18 Uhr geöffnet, ansonsten nach Voranmeldung, Tel. +43 (0)1 8936141.

Tipp: Lohnender Besuch des »Waldseilparks Kahlenberg« (Hochseilgarten) bei der Josefinenhütte, für Menschen jeden Alters ist etwas dabei, denn es gibt Parcours in vier Schwierigkeitsgraden. Geöffnet ab ca. 1. März bis Allerheiligen; www.waldseilpark-kahlenberg.at.

Karte: F&B WK 011.

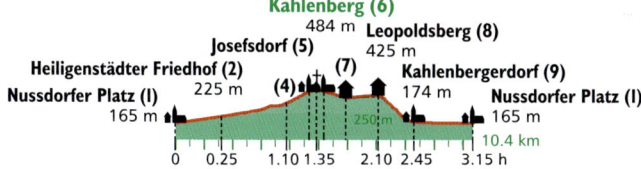

Vom **Nussdorfer Platz (1)** neben dem Gleis der Straßenbahnlinie D durch die Greinergasse, dann durch die Zahnradbahnstraße nach Westen aufwärts zur Endstation der Tramway (ehem. Talstation der Kahlenberg-Zahnradbahn 1874–1923, Gaststätte). Die gelb markierte Zahnradbahnstraße neben dem Schreiberbach sanft bergauf zur Eroicagasse, die traversiert wird. Jenseits auf breitem asphaltiertem Fußweg (»Beethovengang«) rechts des regulierten Schreiberbachs weiter zur Beethovenruhe (Denkmal,

Bänke) links vom Bach und zur querenden Kahlenberger Straße, danach durch die Wildgrubgasse (Stadtwanderweg 1) zum **Heiligenstädter Friedhof (2)**, 225 m. Den Fahrweg links an der Einfriedungsmauer entlang, später das Muckental rechts des Schreiberbachs durch Wiesen und Weingärten (rechts zwei Heurigenbetriebe) gegen den Kahlenberg in Nordwestrichtung bergauf bis zur **Verzweigung (3)**, 325 m, vor einer Schranke. Den gelb markierten Fahrweg an den Waldhängen scharf nach rechts (Osten)

Unterwegs zur »Eisernen Hand«. Aufblick gegen den Kahlenberg mit ORF-Sendemast und der Kirche St. Josef.

aufwärts zu einem Haus, danach eben durch Weingärten zu neuerlicher Verzweigung. Hier links ab und auf einem Fußweg durch Weingärten nach Norden empor zur Wegkreuzung **»Eiserne Hand« (4)**, 355 m, am Höhenrücken des Nussberges. Die rot markierte Kahlenberger Straße kurz nach links zur Gabelung. Geradeaus den blau bezeichneten Fahrweg Nr. 404 (»Heinz-Werner-Schimanko-Weg«) nach Norden hinauf zu einem Haus (Schranke), dann quer durch die steile bewaldete Kahlenberg-Südflanke nach links aufwärts wieder zur Kahlenberger Straße. Diese in zwei Kehren nach Norden empor nach **Josefsdorf (5)**, 460 m, mit der Kirche St. Josef (Gastbetriebe, Aussichtsterrasse, Prachtblick über Wien!).
Gegenüber der Kirche den »Villenweg« (Nr. 4, 10 und 404) im Wald kurz nach Nordwesten aufwärts zum Gipfel des **Kahlenberg (6)**, 484 m, mit 165 m hohem Sendemast und gemauertem Aussichtsturm »Stephaniewarte«.

Zurück zur Kirche St. Josef in **Josefsdorf (5)** und dort neben dem Großparkplatz nach links zur Bushaltestelle 38A. Kurz vor ihr halbrechts ab und auf breitem Weg (Stadtwanderweg Nr. 1a, 4, 10 und 404) rechts unterhalb der Höhenstraße im Wald nach Norden hinab zur **Elisabethwiese (7)** am Sattel zwischen Leopoldsberg und Kahlenberg mit dem Restaurant »Josefinenhütte« (Waldseilpark Kahlenberg). Geradeaus auf dem Promenadenweg rechts der Höhenstraße im Rechtsbogen eben oder sanft bergauf zu einem Parkplatz (Bushalt 38A), danach steiler hoch auf den Gipfel des **Leopoldsbergs (8)** mit Burg Leopoldsberg samt Aussichtsterrassen und der Kirche St. Leopold (unregelmäßige Öffnungszeiten, Tel. +43 (0)1 3185450). Von der Südterrasse imponierender Tiefblick auf das Stadtgebiet von Wien, von der Nordterrasse Blick auf Klosterneuburg und Korneuburg.

Rechts (südlich) an Burg Leopoldsberg vorbei, dann den breiten »Nasenweg« (Nr. 4, 10 und 404, Stadtwanderweg 1a) über den Südostrücken (»Nase«) des Berges durch Buschwerk und lichten Laubwald, teils über Stiegen, in Kehren hinab zu einer Aussichtsplattform und weiter bergab nach **Kahlenbergerdorf (9),** 174 m. Nach links unter der Umfahrungsstraße und der Franz-Josefs-Bahn hindurch zur rot-grün-weiß markierten Donauufer-Promenade. Diese rechts haltend eben dahin, später, an Gasthäusern vorbei, unter der Umfahrungsstraße (Stelzenstraße) weiter bis zur Verzweigung knapp vor der Löwenbrücke über den Donaukanal. Hier rechts ab und unter der Franz-Josefs-Bahn (Durchgang) hindurch zum **Nussdorfer Platz (1).**

Blick vom Leopoldsberg zur Donau und nach Wien: links der Donauturm und die UNO-City, rechts der Donau der Millennium Tower.

2 **Hagenbachklamm und Tulbinger Kogel**

Von St. Andrä-Wördern nach Königstetten

Eine Miniaturklamm am Südrand des Tullnerfeldes

Wohl jeder Wiener kennt das Naturjuwel der Hagenbachklamm bei St. Andrä-Wördern, weiß, dass es sich hier um keine eigentliche Klamm, sondern um einen Waldgraben mit munterem Bach und sporadischen Felsbildungen (Sandstein!) handelt, der bei manchen alpine Assoziationen weckt. Im vorliegenden Fall bildet die »Klamm« den beeindruckenden Auftakt zur Besteigung des Tulbinger Kogels, einer das durchschnittliche Gipfelniveau deutlich überragenden Kuppe am Nordrand des Sandstein-Wienerwaldes. Es ist eine beschauliche Wanderung, vorbei an einladenden Gaststätten und schmucken Ortschaften. Von der am Gipfel stehenden Figlwarte wandert der Blick zu den Gutensteiner und Türnitzer Bergen, ja sogar der Schneeberg dahinter lässt grüßen. Am Zielort Königstetten wird ein Heurigenbesuch fällig, um die Wartezeit bis zur Busrückfahrt nach St. Andrä-Wördern angenehm zu verbringen, sofern man sich die Straßenwanderung dorthin sparen möchte ...

KURZINFO

Ausgangspunkt: Kirchplatz von St. Andrä-Wördern, 196 m, Marktgemeinde an der Mündung des Hagentales in das Tullnerfeld. Parkmöglichkeit.
Endpunkt: Königstetten, 181 m. Zurück nach St. Andrä mit dem ÖBB-Bus Nr. 341, www.fahrplan.oebb.at. Schon vor Antritt der Tour über Bus-Abfahrtszeiten in Königstetten informieren (stark eingeschränkter Betrieb an Wochenenden!). Oder zu Fuß über Wolfpassing nach St. Andrä-Wördern (Straße), 5 km, 1 Std. Gehzeit.
Gehzeit: 3.40 Std.
Höhenunterschied: 365 m im Anstieg, 380 m im Abstieg.
Anforderungen: Einfache Tour. Markierte Wege und Forststraßen.
Kinder: Eine Durchwanderung der romantischen Hagenbachklamm bietet Kindern Spannung und Abenteuer auf Schritt und Tritt. Zu empfehlen ist ein Besuch der Greifvogel-Zuchtstation Hagenbachklamm am Ende der Schlucht mit Hunderten von Tieren. Führungen von April bis Nov. Sa., So. und Feiertag 9.30–12 Uhr und 13–17 Uhr. Wochentags geschlossen!
Einkehr: Gasthöfe und Heurigenbetriebe in St. Andrä-Wördern und Königstetten; Restaurant Peter Hauser in Unterkirchbach (ganzj. geöffnet, Mi. und Do. Ruhetag); Gasthaus Radlherr in Hainbuch (10. bis 25. Juli geschlossen, sonst immer geöffnet, Do. und Fr. Ruhetag); Waldschenke in Hainbuch (1. Dez. bis 28. Feb. geschlossen, ansonsten Fr., Sa., So. und Feiertage geöffnet); Berghotel Tulbinger Kogel (85 B., ganzj. geöffnet, kein Ruhetag).
Hinweis: Nicht nach längerem Regen begehen!
Karte: F&B WK 011.

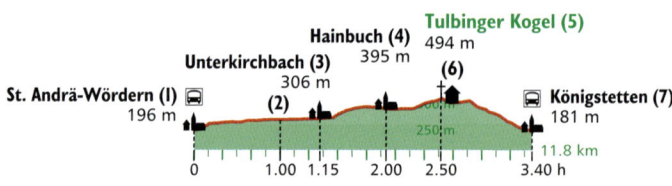

Über Holzstege und -brücken durch die romantische Hagenbachklamm.

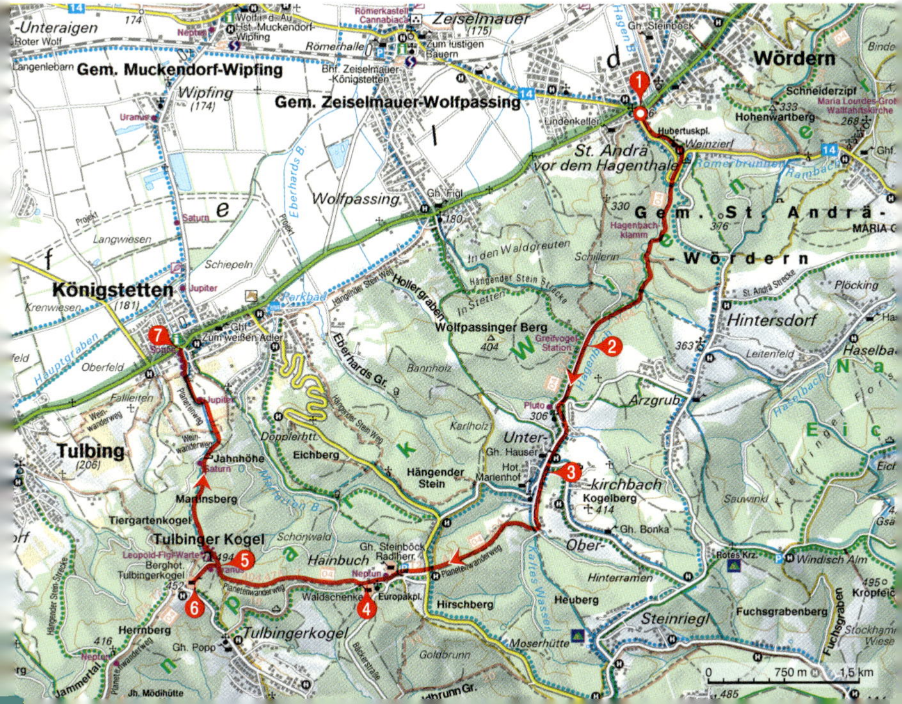

Spätherbst in den Wäldern der inneren Hagenbachklamm.

Vom Kirchplatz in **St. Andrä-Wördern (1)** die Wiener Straße (B14) durch den Ort nach Südosten aufwärts in das Hagental und dort zum letzten Haus (Fischzucht). Links den rot und grün markierten Fußweg im Wald oberhalb der Straße weiter bergauf zu einer Teilung (Kruzifix), danach zur St.-Hubertus-Kapelle. Geradeaus wieder zur B14, die an einer Kehre (Parkplätze) erreicht und traversiert wird. Jenseits auf dem breiten Weg Nr. 04, 404 und 475 durch einen Torbogen in den romantischen Waldgraben der Hagenbachklamm. Dort links vom Bach, an Sandstein-Formationen vorbei, über Holzstege und Brücken in Südrichtung sanft aufwärts zu einer Verzweigung. Geradeaus im seichter werdenden Waldgraben vorerst noch links, dann rechts vom Bach zu einer neuerlichen Teilung vor einer Brücke. An der rechten Bachseite geradeaus zu einer Forststraße und auf ihr über Wiesen eben zur

Greifvogel-Zuchtstation Hagenbachklamm (2).
Die Naturstraße über Wiesen in Südrichtung zur Streusiedlung **Unterkirchbach (3)**. Dort zur querenden Unterkirchbacher Straße und auf ihr 200 m nach rechts ins Ortszentrum. An der Linksabzweigung der Straße nach Oberkirchbach vorbei, durch den Ort aufwärts zu einer Rechtskurve. Geradeaus auf blau und rot markierter Straße durch einen Waldgraben eben weiter zu schöner Kapelle und zur Verzweigung gleich danach. Rechts den Naturfahrweg Nr. 04, 404 und 475 durch Wiesen und Wald nach Südwesten bergauf zu einer Anhöhe und dort, an einer Schranke vorbei, zur querenden Exelbergstraße, 417 m, unmittelbar an der Abzweigung der Tulbinger-Kogel-Straße. Diese über Felder in Westrichtung bergab nach **Hainbuch (4)**, 400 m, und dort nach rechts zum Gasthaus Radlherr. Auf Promenadenweg im Wald nach

Westen bergab zur Waldschenke. Auf breitem Weg den bewaldeten Ostrücken des Tulbinger Kogels aufwärts zur Rechtsabzweigung nach Königstetten und dort kurz nach links empor zur Leopold-Figl-Warte am Gipfel des **Tulbinger Kogels (5)**. Jenseits, an einer Quellfassung vorbei, über einen Waldrücken kurz nach Südwesten hinunter zu dem oberhalb der Straße gelegenen **Berghotel Tulbinger Kogel (6)**, 452 m.

Über den Gipfel des **Tulbinger Kogels (5)** zurück zu oben erwähnter Verzweigung. Hier links den blau markierten Fußweg im Laubwald nach Nordwesten abwärts, dann an den Waldhängen steil nach rechts (Norden) hinunter zur Jahnhöhe, 320 m (Denkmal, Tiefblick auf Königstetten und das Tullnerfeld). Eine Naturstraße traversierend weglos, jedoch mit guter Markierung über eine lang gestreckte schmale Wiese schräg nach rechts (Nordosten) hinab zu querendem Fahrweg. Diesen links haltend durch Felder und Weingärten in Nordrichtung abwärts, später auf Fußweg in einen seichten Graben und dort durch Obstgärten und eine malerische Gasse in das Ortszentrum von **Königstetten (7)**.

Zurück nach **St. Andrä-Wördern (1)** per Bus oder zu Fuß (siehe Kurzinfo).

Der Ortskern und die Pfarrkirche von Königstetten.

3 ► Seegrotte Hinterbrühl und Mödlinger Klause

Runde von Mödling nach Hinterbrühl ★★★

Zum größten unterirdischen See Europas

Das alte unterirdische Gipsbergwerk unter dem Wagnerkogel in Hinterbrühl bei Mödling geht auf das Jahr 1848 zurück, als ein Müller beim Brunnenschlagen in fünf Metern Tiefe auf Gips stieß. Der 70 Jahre lang betriebene Gipsabbau fand 1912 ein jähes Ende, als in der untersten Stollenebene eine mächtige Quelle angesprengt wurde, wobei 20 Millionen Liter Wasser die Hohlräume des Bergwerks füllten und ein riesiger See entstand. Um 1930 entdeckte ein Team von Höhlenforschern das Naturspektakel, 1932 wurde die Seegrotte als Schaubergwerk eröffnet. Während des Zweiten Weltkriegs diente die Grotte als Flugzeugwerkstätte mit bis zu 2000 Arbeitern, nachdem die Höhle vorher trockengelegt und der Boden betoniert wurde. Seit 1949 werden in dem ehemaligen Bergwerk wieder Führungen mit Bootsfahrten durchgeführt.

Unser Besuch gilt nicht nur dem Bergwerk und dem größten unterirdischen See Europas, den wir mit dem Boot erkunden, auch die Wanderung aus dem mittelalterlich anmutenden Kleinstädtchen Mödling zur Seegrotte an den felsigen Steilflanken entlang zur Mödlinger Klause – einer vom Mödlingbach durchflossenen Talenge am Ostrand der Wienerwaldes – ist ein Erlebnis, ebenso der Rückweg durch die Klammsohle selbst. Da spaziert man durch malerische Föhrenwälder und kommt an skurrilen Felsformationen vorbei, an denen Generationen von Wiener Kletterern ihr »Handwerk« erlernten.

In der Seegrotte wurde eine Szene aus dem Hollywood-Film »Die drei Musketiere« gedreht: das goldene Drachenboot.

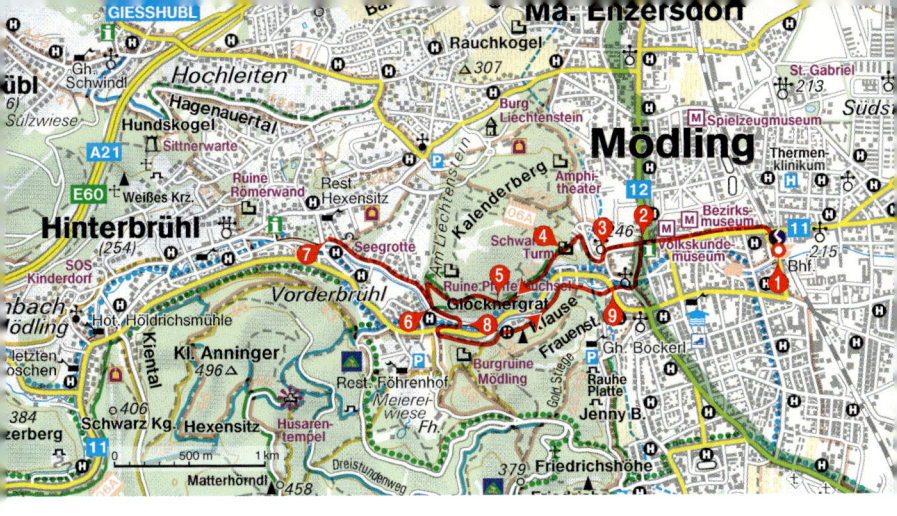

KURZINFO

Ausgangspunkt: Bahnhof Mödling, 215 m, 15 km südlich von Wien am Westrand des Wiener Beckens.

Gehzeit: 2.30 Std.

Höhenunterschied: 180 m.

Anforderungen: Einfache, bequeme Wanderung auf meist markierten Fahr- und Fußwegen. An der steilen Felsflanke beim Schwarzen Turm und danach besondere Vorsicht!

Kinder: Mit ihren charakteristischen Föhrenwäldern, den romantischen künstlichen Ruinen und dem »Zugpferd« Seegrotte eignet sich diese Runde hervorragend für naturliebende Kinder. An den steilen Felsflanken ist jedoch Vorsicht geboten.

Einkehr: Gastbetriebe im Stadtgebiet von Mödling und Hinterbrühl. Café-Restaurant Mödlinger Kobenzl (ganzj. Mi.–So. geöffnet, Mo. Ruhetag).

Hinweis: Die Seegrotte Hinterbrühl ist ganzjährig geöffnet, vom 1. April bis 31. Okt. tägl. 9–17 Uhr (letzte Führung um 16.15 Uhr), vom 1. Nov. bis 31. März Mo.–Fr. durchgehend 9–15 Uhr (letzte Führung 14.15 Uhr), Sa., So. und Feiertag 9–15.30 Uhr (letzte Führung um 14.45 Uhr); Führungsdauer inkl. Bootsfahrt 45 Min., maximale Wartezeit zu den Führungen 20 Min. Seegrotte Hinterbrühl, Grutschgasse 2a, 2371 Hinterbrühl, Tel. +43 (0)2236 26364, www.seegrotte.com. An Wochenenden kann der Andrang meist motorisierter Seegrotten-Besucher besonders stark sein.

Bademöglichkeit: An warmen Sommertagen lohnt im Anschluss an die Seegrottenrunde ein Besuch der beiden Guntramsdorfer Naturbadeteiche (Windradteich, Ozean-Badeteich) südöstlich von Mödling. Der Eintritt ist kostenpflichtig, Erwachsenen-Tageskarte pro Teich jeweils 5 €, für Kinder und Jugendliche (6 bis 15 Jahre) Ozean-Badeteich 2 €, Windradteich in Begleitung der Eltern frei.

Bootsverleih: Höhepunkt der Tour ist die geführte Bootsfahrt auf dem unterirdischen See der Grotte.

Karte: F&B WK 011.

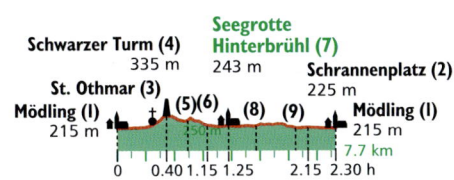

Höhepunkt unserer Wanderung in die Hinterbrühl ist der Panoramaweg am Abbruchrand zur Mödlinger Klause.

Vom Bahnhof in **Mödling (1)** kurz nach Norden zur querenden Hauptstraße und diese links haltend westwärts zum Freiheitsplatz mit der Pestsäule. Dort geradeaus in die Mödlinger Fußgängerzone und durch die kurze Herzoggasse zum **Schrannenplatz (2)**. Geradeaus, am prachtvollen Rathaus (14. Jh.) vorbei, durch die Pfarrgasse (denkmalgeschützte Häuser) nach Westen aufwärts zur erhöht stehenden gotischen **Pfarrkirche St. Othmar (3)**, 246 m. Zwischen der Kirche rechts und dem turmförmigen Karner (Pantaleonskapelle) links hindurch an den Fuß des Kalenderberges und dort auf dem Anton-Wildgans-Weg (Nr. 1, 6, 41, 48 und 448) bald zu einer Gabelung. Links den rot-grün-blau bezeichneten Weg Nr. 41 und 48 im Wald steil nach Westen hinauf

zur Terrasse des Mödlinger Kobenzl, 280 m (Gaststätte, Blick auf Wien!), und durch schönen Föhrenwald weiter zum **Schwarzen Turm (4)**, 335 m, eine im Jahr 1809 durch Fürst Johann Joseph I. errichtete künstliche Ruine, an deren Stelle schon 1596 ein »Wachthäusl« stand. Tiefblick gegen die schluchtartige Mödlinger Klause mit Anninger und Husarentempel. Fernschau nach Osten bis zum Leithagebirge und zu den Kleinen Karpaten.

Nun rechts am Turm vorbei, danach auf geländerartig abgesichertem Fuß- und Stiegenweg am Oberrand der steilen Felsababbrüche gegen die Mödlinger Klause eben nach Südwesten bis zu einer Verzweigung. Hier halblinks auf rot-blau-grün bezeichnetem Fußweg an der felsdurchsetzten Waldflanke (Aussichtskanzeln) hinab zu einer **Wegteilung (5)**. Rechts haltend im Föhrenwald ein Stück nach Nordwesten bergauf zur nächsten Gabelung. Links den rot-blau-grün bezeichneten Weg an den felsdurchsetzten Waldhängen abwärts zu breitem Querweg und diesen, an einem Zaun entlang, nach links (Süden) hinab zur querenden Liechtensteinstraße in **Vorderbrühl (6)**. Die Straße mit Weg Nr. 1, 41 und 48 eben nach rechts in das Ortsgebiet von Hinterbrühl und dort zur **Seegrotte (7)**.

Die Liechtensteinstraße zurück nach Vorderbrühl, dort geradeaus zur ersten Brücke nach rechts über den Mödlingbach und jenseits zur **Brühler Straße (8)**. Diese 30 m nach rechts, dann, die Straße traversierend, zum Promenadenweg durch die Mödlinger Klause (Trafik, Bushalt). Den rot und blau markierten asphaltierten Weg (Nr. 3, 43 und 48, Fahrrad- und Fußweg) an der rechten Seite der gewundenen Klamm ostwärts eben talaus, später an Felsbildungen (Klettergärten) vorbei und unter dem Aquädukt der I. Wiener Hochquellenwasserleitung hindurch in den Stadtbereich von Mödling. Dort durch die Neugasse, dann entlang der Fußgänger-Unterführung (Spitalmühlgasse) unter der **Umfahrungsstraße (9)** hindurch und jenseits in die Frauensteingasse zur querenden Elisabethstraße. Auf ihr nach links über den Mödlingbach in die Fußgängerzone und dort, an der spätgotischen Spitalkirche St. Ägydius (15. Jh.) vorbei, nach Norden zum **Schrannenplatz (2)** und auf bekanntem Weg zurück zum Bahnhof in **Mödling (1)**.

Rückblick zum Schwarzen Turm und auf Wien.

4 ▸ Helenental-Runde

Von Baden zur Krainerhütte

Ich kenn' ein kleines Wegerl im Helenental, das ist für alte Ehepaare viel zu schmal ...

Dieses populäre Wiener Lied hat das zauberhafte Tal am Ostrand des Wienerwaldes bekannt gemacht. Unter dem Helenental wird der Oberlauf der Schwechat verstanden, eine gewundene Talenge, die sich bei Baden gegen das südliche Wiener Becken öffnet. Überragt von bizarren Felsgebilden und Burgruinen, ist die Talenge schon immer ein Treffpunkt romantisch veranlagter Naturen gewesen, um dort auf verträumten Wegen dem Stadtrummel zu entfliehen. Wandern wir also mit offenen Sinnen und lassen die subtilen Reize der Wienerwald-Landschaft mit ihren hellen Kalkfelsen und ausladenden Schwarzföhren (»Schirmföhren«), mit ihren sanften Wiesen und dichten Wäldern, die zu einer Einheit verschmelzen, auf uns wirken.

KURZINFO

Ausgangspunkt: Baden, 243 m, Kurstadt am Ostrand des Wienerwaldes, Karlsgasse (bei der Hotel-Pension Helenental) westlich des Stadtzentrums. Bus und Bahnverbindung von Wien. Zufahrt in die Karlsgasse mit eigenem Auto (Parkplätze um das nahe Thermalstrandbad) sowie vom Bahnhof Baden per Taxi, mit dem Citybus Linie 1 (zum Strandbad) oder der Buslinie Rauhenstein.
Gehzeit: 3.30 Std.
Höhenunterschied: 300 m.
Anforderungen: Einfache Wanderung auf meist gut markierten Wegen.
Kinder: Die Runde eignet sich auch für Kinder und Senioren. Mit Kindern zu empfehlen ist der anschließende Besuch des Thermalstrandbads Baden.
Einkehr: Zahlreiche Hotels, Gasthöfe und Pensionen in Baden; Hotel Krainerhütte (ganzj. geöffnet, kein Ruhetag www.krainerhuette.at); Landgasthaus Cholerakapelle (120 B., ganzj. geöffnet, kein Ruhetag); Gasthaus Hauswiese (geöffnet vom 1. April bis 30. Sept. Sa., So. und Feiertage, http://gasthaus-hauswiese.at/).
Bademöglichkeit: Thermalstrandbad Baden (Tel. +43 (0)2252 86800800, www.baden.at,) mit dem größten Sandstrand Österreichs (Adria-Flair), 50-m-Schwimmbecken, zwei Schwefelbecken, Strömungskanal, Bodengeysire, Palmeninseln, Wasserrutschen, Sprungturm, Kinderbecken, Restaurant mit Terrasse; geöffnet 1. Mai bis 30. Sept. Badener Römertherme (Tel. +43 (0)2252 86800600) mit Schwefelthermalwasser mit einer natürlichen Temperatur bis 36 °C und Wellness-Center; ganzj. tägl. 9–17/18 Uhr geöffnet.
Gipfelmöglichkeit: Von der Krainerhütte kann der Hohe Lindkogel, 847 m (Gipfelschutzhaus »Eisernes Tor« mit Aussichtswarte), über den gelb markierten »Steinigen Weg« problemlos in 1.30 Std. bestiegen werden.
Karte: F&B WK 011.

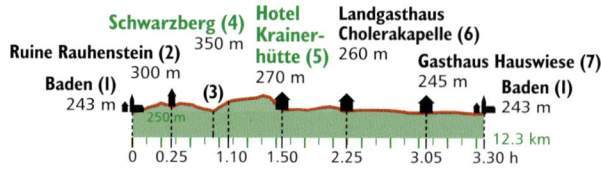

Blick von der Ruine Rauhenstein über das Helenental zur Ruine Rauheneck.

Von **Baden (1)** aus der Karlsgasse bei der Hotel-Pension Helenental den Rainerweg 50 m nach Norden hoch, dann links ab und auf grün bezeichnetem Promenadenweg durch Wald in Westrichtung aufwärts zu einer Rechtskehre (geradeaus zur nahen Helenental-Aussicht). In einigen Kehren nach Norden empor zur bewaldeten Faberhöhe mit Verzweigung. Links den rot, blau und grün markierten Fußweg Nr. 04, 404 und

448 an den Abhängen gegen das Helenental bergauf zu einem Felszacken (Kruzifix, Bank). An den Waldhängen weiter in einen tief eingeschnittenen Graben und dort bis zur Verzweigung. Den grün markierten Höhenweg geradeaus zur Wegteilung an einer Bergkante. Links vom Hauptweg ab und auf unbezeichnetem Steig kurz nach Süden hinab zu der über dem Helenental thronenden **Ruine Rauhenstein (2)**.

Zurück zum Hauptweg und diesen durch Föhrenwald, an steilen Hängen nach Nordwesten eben oder abwärts zur Aussichtsterrasse oberhalb des Jammerwandl (Klettergarten) und zu einem Querweg (auf ihm links zum nahen Urtelstein direkt über dem Tunnel der Helenentalstraße). Diesen durch Gesträuch eben nach rechts, dann, am Klettergarten der Helenentaler Blöcke vorbei, hinab zur **Siegenfelder Straße (3)**, die nach links in die Helenentalstraße mündet. Sie wird traversiert und jenseits auf blau markiertem Weg durch Föhrenwald in Kehren zur Felswand der Badener Kletterschule angestiegen. Am Wandfuß bergauf, dann steil nach rechts (Norden) empor auf ein Plateau und dort auf den bewaldeten **Schwarzberg (4)**. Von ihm kurz nach links (Südwesten) hinab zur Aussichtsterrasse.

Vom Schwarzberg auf blau markiertem Karrenweg nach Nordwesten hinunter zur Verzweigung. Die anfangs gelb, dann unbezeichnete Straße an den Hängen des Kleespitz bergauf, später nach links in die Nordseite des Hügels und dort in den Sattel (Verzweigung) nach dem Kleespitz. Auf rot markiertem Weg geradeaus durch einen Graben nach Westen hinab in das Tal der Schwechat und dort, die Helenentalstraße kreuzend, zu dem auf ebener Wiese stehenden **Hotel Krainerhütte (5)**. Aufblick nach Nordwesten gegen drei Felstürme der »Krainer Nadeln« (Klettergarten).

Über die Wiese, dann über die Schwechat (überdachte Holzbrücke) zum rot und gelb markierten Helenentalweg Nr. 40 (»Beethoven-Wanderweg«), dem man nach links folgt. Entlang am Schwechat-Südufer an der großen Talschleife im Linksbogen bis zur Mündung des Madergrabens mit dem Beethovenstein (Büste des Komponisten rechts an der Felswand). Weiter zu einer Verzweigung und dort nach links über die Schwechat zu dem an der Helenentalstraße gelegenen **Landgasthaus Cholerakapelle (6)**.

Zurück zum Helenentalweg am Südufer der Schwechat. Auf ihm links haltend, an der Antonsgrotte vorbei, zur Rechtsabzweigung des Wegs bis zum Jägerhaus. Geradeaus durch Wiesen und Wald, an Felsbildungen vorbei, zum **Gasthaus Hauswiese (7)**. Auf dem Uferweg zu einer Verzweigung (links zur Kirche St. Helena) und dort den Weg Nr. 404 geradeaus zur Rechtsabzweigung des Wegs zur Ruine Rauheneck, 363 m (in 15 Min. zu erreichen). Geradeaus auf dem nun schmalen Uferweg im Auwald weiter, dann unter der Helenentalstraße (Umfahrung) und dem Aquädukt der I. Wiener Hochquellenwasserleitung durch zur Weilburgstraße im Stadtgebiet von Baden. Dort links haltend durch die Jägerhausgasse und Kornhäuselgasse zurück zum Ausgangspunkt in der Karlsgasse in **Baden (1)**.

Das besungene »kleine Wegerl im Helenental« am Felsufer der Schwechat.

5 Steinwandklamm

Durch die Steinwandklamm zum Kreuthsattel

Eine »Pflicht« für Freunde der Wiener Hausberge

Die wildromantische Steinwandklamm bei Furth im Triestingtal darf beim Erwandern der schönsten Wasserwege um Wien nicht fehlen. Als Ansässiger macht man schon früh Bekanntschaft mit diesem Naturwunder – wenn nicht mit den Eltern, dann spätestens an einem Wandertag mit der Schulklasse. Beim ersten Betreten ist so mancher überrascht von der erdrückenden Enge dieses vom Steinwandbach durchflossenen Felsspalts, in den auch sommers kaum ein Sonnenstrahl dringt. Dafür gestalten sich die »Auswege« aus ihr zur sonnendurchfluteten Höhe »Kreuth«, wo im Gasthaus Jagasitz mit Blick auf den mächtigen Schneeberg eine Einkehr fällig wird, umso befreiender. Das im Anstieg zuvor berührte Türkenloch, eine 20 m lange Durchgangshöhle an steiler Felswand, betritt man beim ersten Mal wohl mit »gemischten Gefühlen«. Aber es war genau dieses Bedrohliche, das zur Zeit der Türkenbelagerung Schutz bot – 1683 sollen sich Einheimische in der Höhle vor den Türken versteckt haben. Aufsteigender Rauch allerdings hatte ihre Anwesenheit verraten, sodass sie von den Türken entdeckt, verschleppt oder getötet wurden. Im Jahr 1981 wurden Münzen, Tonscherben und auch Knochen gefunden, was diese Überlieferung bestätigen könnte.

KURZINFO

Ausgangspunkt: Parkplatz Steinwandklamm, 549 m, bei der Jst. Reischer am Ende der Straße durch den Steinwandgraben. Anreise mit eigenem Fahrzeug, 10 km ab Weißenbach im Triestingtal, 6 km von Furth.
Gehzeit: 2 Std.
Höhenunterschied: 200 m.
Anforderungen: Unschwieriger, gut markierter und beschilderter Anstieg auf Fußwegen, über Holzstege und -treppen. Trittsicherheit nötig!
Kinder: Es wäre doch gelacht, wenn die enge Steinwandklamm mit dem munter dahinplätschernden Bächlein und den attraktiven Holztreppen, dazu die Durchwanderung des finsteren Türkenlochs für Kinder nicht ein echter Renner wäre. Und wenn dann zu guter Letzt am Kreuthsattel noch ein einladendes Gasthaus wartet, dürfte für den Sprössling der siebente Himmel erreicht sein!

Einkehr: Jausenstation Reischer, am Eingang in die Steinwandklamm (keine Nächtigung, ganzj. geöffnet, Mo. und Di. Ruhetag, Tel. +43 (0)2674 88251); Gasthaus Jagasitz am Kreuthsattel (keine Nächtigung, ganzj. geöffnet, Do. und Fr. Ruhetag, Tel. +43 (0)676 5517769).
Bademöglichkeit: Nach dem Wandergenuss besteht im Steinwandbach unterhalb der Klamm Bademöglichkeit.
Gipfelmöglichkeit: Vom Kreuthsattel kann der bewaldete Almesbrunnberg, 1079 m (keine Rundsicht!), auf großteils markierten Wegen in rund 1 Std. unschwierig bestiegen werden.
Variante: Statt der inneren Steinwandklamm können Geübte im Anstieg auch den links abzweigenden Rudolf-Decker-Steig (luftige 15-Meter-Eisenleiter, nur mit Klettersteig-Set!) wählen, der den Hauptweg etwas unterhalb des Türkenlochs erreicht. Gleicher Zeitaufwand.
Hinweis: Großer Besucherandrang in der Klamm an Schönwetter-Wochenenden im Frühjahr und Herbst.
Karte: F&B WK 012.

Vom **Parkplatz Steinwandklamm (1)** hinab zum Bach und neben ihm links haltend talein zum Beginn der Steinwandklamm. Über Holzstege und -treppen aufwärts und an der **Linksabzweigung (2)** des Rudolf-Decker-Steigs vorbei (siehe Variante). Weiter bergauf zur nächsten Verzweigung am Klamm-Ende (Info-Tafeln), wo der Steinwandgraben nach links verlassen wird **(3)**. Auf breitem Weg durch Wald nach Süden aufwärts zur Linkseinmündung des Rudolf-Decker-Steigs und zum sogenannten **Türkenloch (4)**. Durch die 20 m lange gewundene natürliche Höhle (Drahtseil, Treppen) aufwärts und hinaus auf ein luftiges Band hoch über der Klamm. Nach Süden hinauf in bewaldetes Terrain und dort zu einer Verzweigung. Auf breitem Fußweg kurz nach links empor zu einer Anhöhe, 736 m (Quellfassung), und jenseits nach Südosten hinab zum Gasthaus Jagasitz am **Kreuthsattel (5)** mit eindrucksvollem Schneebergblick.

Abstieg: Entlang der Anstiegsroute zurück zum **Parkplatz Steinwandklamm (1)**.

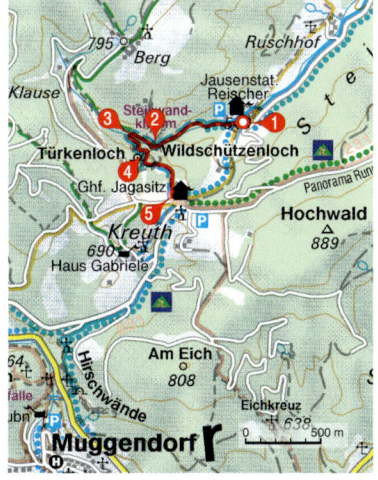

Holzstege und -treppen führen durch die romantische Steinwandklamm.

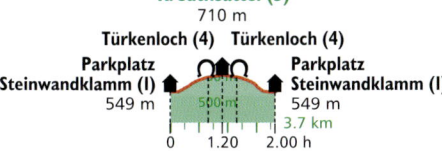

6

Myrafälle und Hausstein, 664 m

Auf dem Wasserfallweg auf den Hausstein ★★★

Ein Lieblingstreff der Wiener

Trotz Verbauung durch ein Kraftwerk und eine Autostraße sind die Myrafälle bei Muggendorf in den Gutensteiner Alpen nach wie vor ein beliebtes Ausflugsziel im Nahbereich von Wien. Wer sie nicht gerade an Schönwetter-Wochenenden besucht, kommt mit dem Besucherandrang dort gut zurecht. An heißen Sommertagen ist es allemal ein erquickender Gang auf bequemen Wegen, über Stege, Stiegen und Brücken, neben dem in Kaskaden herabstürzenden Bach hinauf zum Karnerwirt im inneren Talbereich. Natürlich gehen wir nicht auf demselben Weg zurück, sondern wählen die Route über den isoliert stehenden Hausstein, der nette Aus- und Tiefblicke in die Talniederung gewährt. Wer Zeit und Muße hat, kann nach den Myrafällen als Draufgabe noch den Kreuthsattel besuchen. Dort wartet nebst tollem Schneebergblick ein originelles Gasthaus, in dem man mit den Wanderern durch die nicht weit entfernte Steinwandklamm an einem Tisch sitzt.

KURZINFO

Ausgangspunkt: Parkplatz Myrafälle, 475 m, beim Wassersammelbecken am Eingang in die Myraklamm, 250 m nördlich von Muggendorf, 3 km nordwestlich von Pernitz, 430 m, Markt im Piestingtal mit Bahn- und Busstation.
Gehzeit: 1.30 Std.
Höhenunterschied: 200 m.
Anforderungen: Leichte Wanderung auf bezeichneten Wegen.
Kinder: Die Myrafälle sind an heißen Sommertagen ein beliebtes Ausflugsziel

für Familien mit Kindern. Die Begehung der romantischen Klamm mit der herabtosenden Myra, über deren Fluten ein Serpentinenweg nach oben führt, ist für Kinder ein echtes Erlebnis, das mit Rast beim Karnerwirt und abschließender Besteigung des Hausstein noch vertieft wird.
Einkehr: Myra-Stubn (keine Nächtigung, Mai bis Okt. tägl. geöffnet, Mo. Ruhetag, Nov., Dez., März und April Fr. bis So. geöffnet, Jän. und Feb. geschlossen, Tel. +43 (0)676 3966735 und +43 (0)676 3818546, www.myrastubn.at); Gasthof Karnerwirt (21 B., Ostern–Allerheiligen geöffnet, von Mo. 14 Uhr bis Mi. Ruhetag, im Juli/August nur Di. Ruhetag, Allerheiligen–Ostern Sa., So. und an Feiertagen geöffnet, Tel. +43 (0)2632 74307, www.karnerwirt.at); Gasthaus Jagasitz am Kreuthsattel (keine Nächtigung, ganzj. geöffnet, Do. und Fr. Ruhetag).
Hinweis: Vorsicht mit Kindern am Gipfel des Hausstein (Felsabbrüche).
Karte: F&B WK 012.

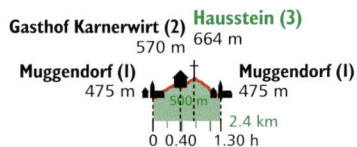

Ein beliebtes Ausflugsziel bei Wien: die Myrafälle bei Muggendorf.

Vom Parkplatz Myrafälle nördlich von **Muggendorf (1)** nordwärts über den Bach zur Myra-Stubn und zum Klamm-Eingang (Kassa). Dort den bezeichneten Weg über Holzstiegen, -stege und Brücken, die Myra mehrmals traversierend, zwischen Felsblöcken aufwärts und nach rechts Richtung Unterbergstraße, 530 m. Bevor man sie erreicht, links ab und auf rot markiertem Fußweg knapp links unterhalb der Straße nach Nordwesten hinauf zur Talverflachung. Dort links eines Staubeckens im Wald weiter zum **Gasthof Karnerwirt (2)**.

Vom Verzweigungspunkt knapp östlich des Hauses auf Serpentinensteig einen steilen Waldhang nach Süden hoch in den Sattel der Haussteinwiese, 615 m, und dort zur Wegteilung am Wiesenrand. Links im Wald steil nach Osten empor und nach rechts zum Gipfel des **Hausstein (3)**, 664 m, mit Kruzifix. Wir haben einen Tiefblick auf Muggendorf und Pernitz mit Großem Kitzberg und Hoher Wand dahinter. Weiter links sehen wir das bewaldete Mandling-Massiv, im Süden die Dürre Wand mit Öhler und Schober rechts, dahinter der mächtige Schneeberg. Nach Westen schauen wir gegen den Unterberg.

Zurück in den Sattel der Haussteinwiese. Bei einer Bank links den bezeichneten Weg im Wald nach Süden abwärts bis zu einer Verzweigung. Auf markiertem Fußweg links und unterhalb der 60 m hohen Hausstein-Südwand steil nach Osten hinunter wieder zu den Myrafällen. Von hier auf bekanntem Weg zurück zum Parkplatz bei **Muggendorf (1)**, unserem Ausgangspunkt.

7 Johannesbachklamm

Durch die Talenge nach Schrattenbach ★★

An heißen Sommertagen gerade das Richtige!

Wem ein Besuch der Johannesbachklamm in den Grünbacher Bergen bei Würflach als zu geringfügig erscheint, dem entgeht eine der schönsten Schluchtstrecken der Wiener Umgebung. Die Entstehung der rund 60 m tiefen und einen Kilometer langen Klamm ist einer geologischen Besonderheit zu danken, denn zwischen den »weichen« Gesteinen der Werfener Schichten des Schrattenbacher Hügellandes im Westen und den Schotterflächen des Rohrbacher Konglomerates im Steinfeld (südliches Wiener Becken) schiebt sich eine Zone härteren Wettersteinkalks. Quer zum heutigen Talverlauf gelegen, musste diese Wettersteinkalk-Barriere durch den Johannesbach erst durchbrochen werden, wobei eine bereits vorhandene tektonische Furche und das Feuchtklima der Nacheiszeit den Vorgang begünstigt haben. Heute bezeugen Kolke an den Steilhängen der Klamm und Mühlen (durch stetigen Wirbel eines Steines an derselben Stelle entstehen schüsselförmige Vertiefungen), wie etwa der sagenumwobene »Marientritt«, von der Kraft des frühen Johannesbaches.

Mit ihren gepflegten Fußwegen, Brücken, Stegen und dem sanft dahinplätscherten Bächlein ist die Klamm für naturbegeisterte Sprösslinge und jung gebliebene Ältere gleichermaßen attraktiv und noch dazu fast das ganze Jahr hindurch begehbar. Spaziert man nach dem Klammbesuch weiter bis zum kinderfreundlichen Gasthaus in Schrattenbach (Mo. und Di. Ruhetag), wird fast eine Tagestour draus, vor allem dann, wenn sich die Rastpause dort aus unerklärlichen Gründen in die Länge ziehen sollte …

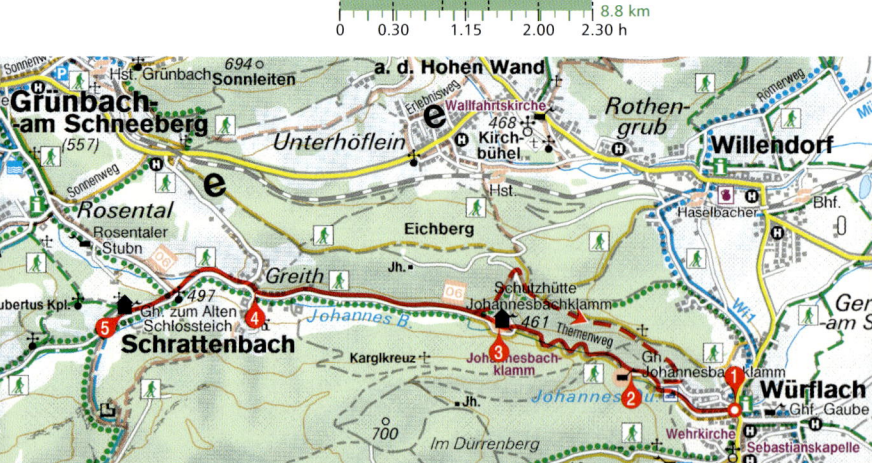

Ausgangspunkt: Gemeindeamt im Zentrum von Würflach, 400 m, im Osten der Grünbacher Berge, am Rande des Wiener Beckens. Bushalt, Parkplätze.

Gehzeit: 2.30 Std.

Höhenunterschied: 150 m.

Anforderungen: Einfache Wanderung auf bez. Wegen und Forststraßen.

Kinder: In Begleitung junger Leute ist die Johannesbachklamm ein ziemlich »erfolgssicheres« Ziel, tragen doch plätschernde Wasser, abenteuerlich geformte Felszacken, lustige Brücken, Stege und Stiegen einiges zur Unterhaltung bei. Beim Gasthaus zum alten Schlossteich in Schrattenbach gibt es neben verlockenden Speisen und Getränken auch Sachen, die Kinderherzen höher schlagen lassen: eine große Spielwiese, eine Seilbahn, eine Nestschaukel und ein Spielhaus. Hier kann man im seichten Bacherl Staudämme bauen, auf Bäume klettern, im Sand spielen oder einfach durchs Riesenrohr krabbeln, um zur Rutsche am Hang zu gelangen.

Einkehr: Mehrere Gaststätten in Würflach; Schutzhütte Gerhartl »In der Johannesbachklamm« (2 Ferienwohnungen, von Ostern bis 25./30. Sept. Sa., So. und Feiertag von 10 Uhr an geöffnet, bei schlechtem Wetter geschlossen, Tel. +43 (0)699 18162557); Gasthaus zum alten Schlossteich in Schrattenbach (keine Nächtigung, ganzj. Do.–So. geöffnet, Tel. +43 (0)2637 20298, www.zumaltenschlossteich.at).

Variante: Am Rückweg kann man vom westlichen Klammeingang auch dem »Kleinen Rundweg« nach Würflach folgen: Von Schrattenbach zurück zur Brücke über den Johannesbach am westlichen Klammeingang. Knapp vor der Brücke halblinks ab und auf dem blaugelb markierten Fahrweg Nr. 4 und an den Waldhängen nach Nordosten aufwärts in einen Graben mit Forststraße. Diese (Weg Nr. 3 und 4) ostwärts in einen Sattel mit Verzweigung. Kurz nach rechts (Süden) hinauf an den die Johannesbachklamm flankierenden Rücken

Eine Wanderung durch die Johannesbachklamm vermittelt an heißen Sommertagen wohltuende Kühle.

mit prächtigem Föhrenbewuchs. Dort nach links (Osten) abwärts zum »Berimoasta-Kreuz«. Rechts ab und auf breitem Weg, an einem Felsturm vorbei, ostwärts hinab nach Würflach, 45 Min. von der Schutzhütte Gerhartl.

Hinweis: Die zwischen Dürrenberg (»Kettenlus«) und Eichberg eingelagerte Johannesbachklamm wurde früher auch »Steinklaus« genannt, ein Begriff, der die im starken Gegensatz zum oberen Talabschnitt stehende felsige Talenge im Unterlauf des Johannesbaches treffend charakterisiert.

Tipp: Das Gasthaus zum alten Schlossteich in Schrattenbach ist nicht nur kinderfreundlich, sondern auch sehr musikantenfreundlich. Es gibt Volksmusikveranstaltungen das ganze Jahr über und einen Sängerstammtisch an jedem letzten Sonntag im Monat.

Karte: F&B WK 012.

Der Stege- und Treppenweg durch die Talenge des Johannesbachs.

Vom Gemeindeamt in **Würflach (1)** die Neunkirchnerstraße südwärts über den Johannesbach zur Rechtsabzweigung der Brunnengasse. Durch diese (Wanderwege Nr. 2, 4 und 206) westwärts eben zum Straßenende bei der Johannesquelle. Auf breitem Fußweg 100 m am Waldrand entlang, dann nach rechts über den Bach zu einer Asphaltstraße und auf ihr links haltend in den Johannesbachgraben. Dort bald zum Ende der befahrbaren Straße (Parkplatz), danach auf Naturfahrweg zum ehemaligen (geschlossenen) **Gasthaus Lackner (2)**. Auf gutem Fußweg in dem jetzt engen Waldgraben eben weiter, später durch die Felsklamm, mehrmals die Talseite wechselnd (Brücken, Stege und Stiegen), aufwärts zur **Schutzhütte Gerhartl »In der Johannesbachklamm« (3)** am Ende der Talenge, danach zur Brücke über den Johannesbach. Auf Naturstraße den breiten wiesenreichen Graben westwärts eben talein nach Greith, 480 m, und dort, an der Tierfarm Greith (links) vorbei, zur **Straßenteilung (4)**. Die Asphaltstraße geradeaus zu einer Gabelung und links haltend aufwärts nach **Schrattenbach (5)**, 530 m, mit dem Gasthaus zum alten Schlossteich.
Auf dem Zugangsweg zurück nach **Würflach (1)**.

Der Johannesbach am Ostende der Klamm beim ehemaligen Gasthaus Lackner.

8 ▶ Sebastian-Wasserfall

Von Sonnleiten zur Mamauwiese ★★★

Eine Top-Tour am Rande des Puchberger Beckens

Kaskaden, kleinere Wasserfälle gibt es in den Wiener Hausbergen viele, doch einen richtigen Schau-Wasserfall, der einen eigenen Besuch rechtfertigt? Im Schneeberggebiet, am Rande des Puchberger Beckens findet sich ein solcher, er wird von Sonnleiten bei Losenheim mühelos in 20 Min. erreicht. Zur ausgewachsenen Wanderung wird das Ganze aber, wenn man bis zur paradiesischen Mamauwiese weiterwandert. Das ist eine brettebene grüne Oase zwischen den Bergen, leider mit Autozufahrt, doch mit einladendem Gasthaus, in dem sich's vorzüglich rasten und speisen lässt.

Müßig zu erwähnen, dass das hier gewürdigte Unternehmen vor allem im Frühling, zur Zeit der Schneeschmelze zu empfehlen ist, wenn der Kessel um den Sebastianfall vom Getöse und der Gischt herabstürzender Wasser erfüllt ist: ein sinnenbetörendes Erlebnis!

KURZINFO

Ausgangspunkt: Sonnleiten, 664 m (kleine Parkplätze), Weiler an der Mündung des Fadengrabens in das innere Puchberger Becken. Bus von Puchberg am Schneeberg, 585 m, in einem weiten Talbecken gelegener Urlaubsort östlich des Schneebergs.
Gesamtgehzeit: 2.20 Std.
Höhenunterschied: 300 m.
Anforderungen: Kurze, einfache Wanderung auf bezeichneten Wegen.
Kinder: Mit Gaststätten vor und nach dem Wasserfall-Spektakel sowie idealem Spielgelände im Bereich der Mamauwiese ist dies eine tolle Kindertour.
Einkehr: Sebastianshütte, Gaststätte in urigen, 200 Jahre alten Holzhaus neben dem aufgelassenen Wasserfallwirt (keine Nächtigung, Mai bis Okt. Mi.–Mo., Sept. und Okt. Fr.–So. 10–18 Uhr geöffnet, Tel. +43 (0)2636 24034). Berggasthof

Mamauwiese (48 B., 5 Ferienwohnungen; es gibt keine festgelegten Öffnungszeiten, deshalb wird empfohlen, sich vorher zu informieren über Tel. +43 (0)2634 72088 oder www.mamauwiese.at).
Bademöglichkeit: Puchberg besitzt ein Freibad, das bei schönem Wetter von Anfang Juni bis Ende August geöffnet ist.
Bootsverleih: Am Teich im Kurpark von Puchberg können Boote gemietet werden.
Gipfelmöglichkeiten: Vom Sebastiankreuz, 940 m, auf der Mamauwiese kann die Dürre Leiten, 1249 m (gesamter Zeitaufwand: 1.45 Std.), vom Berggasthof Mamauwiese der Schober, 1213 m (gesamter Zeitaufwand: 2 Std.), auf markierten Wegen lohnend bestiegen werden. Schneebergblick!
Tipp: Besonders zu empfehlen ist diese Wanderung zur Zeit der Schneeschmelze oder nach längeren Regenfällen bei hohem Wasserstand des Sebastianbachs.
Karte: F&B WK 012.

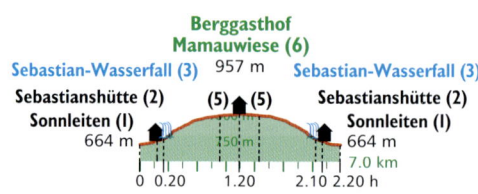

Von **Sonnleiten (1)** auf asphaltiertem Fahrweg in Nordwestrichtung vorerst eben, dann steiler bergauf in den Fadengraben und dort in die kurze Klamm mit der **Sebastianshütte (2)**. Auf dem Fußweg weiter in den licht bewaldeten Talboden und dort sanft bergauf bis zu der abriegelnden Felswand, über die der **Sebastian-Wasserfall (3)** 25 m hinabstürzt. Links der Wand durch Mischwald steil empor in den oberen Grabenbereich und über den Sebastianbach nach rechts zu einem Querweg. Auf ihm durch den Waldgraben weiter, später steiler hinauf zur **»Römerstraße« (4)**. Diese mit Weg Nr. 206 links haltend aufwärts wieder in die Grabensohle und dort zur Anhöhe beim **Sebastiankreuz (5)**, 940 m (Verzweigung), am Südrand der Mamauwiese. Geradeaus über die Wiese zu querendem Fahrweg und auf ihm kurz nach rechts, dann links haltend zum **Berggasthof Mamauwiese (6)**.
Abstieg auf demselben Weg.

Rast unterm Sebastian-Wasserfall.

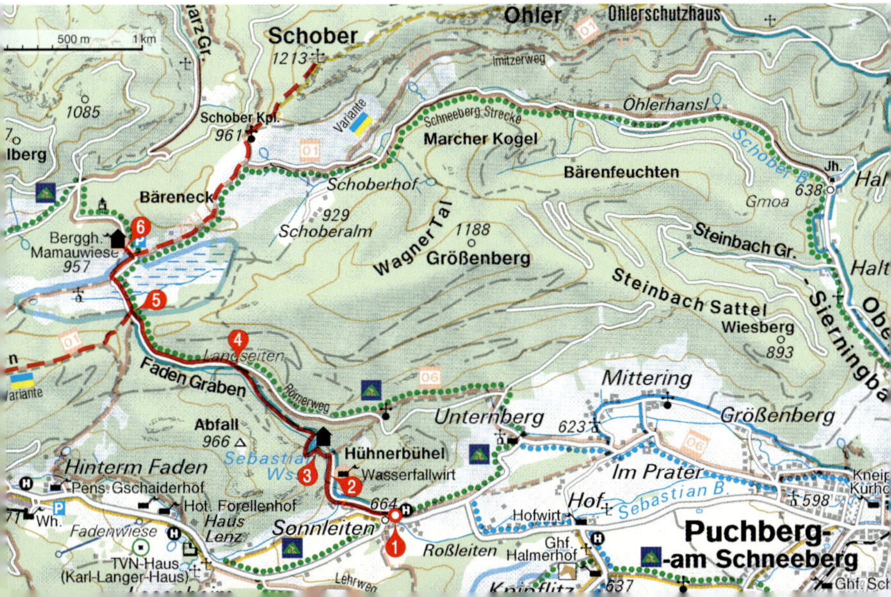

9 # Erster Wiener Wasserleitungsweg

Entlang der Schwarza nach Kaiserbrunn ★★★

Durch den Canyon des Höllentals, zwischen Rax und Schneeberg

Die mehr als 1500 m tief in die Gebirgsstöcke von Rax und Schneeberg eingeschnittene Schlucht des Höllentals gehört fraglos zu den großartigsten Schluchten der Ostalpen. Während die oft schwer zugänglichen Talflanken Betätigungsfeld geübter Kletterer sind, können passionierte Fliegenfischer in den glasklaren Wassern der Schwarza, einem der besten Fischgewässer Europas, ihr Glück versuchen. Entlang dieses Kleinods führt der Erste Wiener Wasserleitungsweg von Hirschwang nach Kaiserbrunn, wo das Trinkwasser für die Stadt Wien seit mehr als 140 Jahren gesammelt und in die Donaumetropole geleitet wird. Durch diese im Jahre 1873 von Kaiser Franz Josef eröffnete Wasserleitung fließen ohne Zuhilfenahme jeglicher Pumpen, im freien Gefälle täglich etwa 200.000 m³ Wasser in die 95 km entfernte und 280 m tiefer liegende Bundeshauptstadt. Für diese Strecke benötigt das Wasser 16 Stunden. Die Erste Wiener Hochquellenleitung teilt sich mit der Wasserleitung aus dem Hochschwabgebiet je zur Hälfte die Wasserversorgung Wiens.

KURZINFO

Ausgangspunkt: Parkplatz der Raxseilbahn, 510 m, am nordwestlichen Ortsrand von Hirschwang. 5 km von Payerbach-Reichenau (Südbahn-Haltestelle). Bushalt.

Gehzeit: 2.30 Std.

Höhenunterschied: 160 m.

Anforderungen: Einfache Wanderung entlang eines bestens ausgebauten alpinen Steiges mit Stiegen und Brücken. Etwas Trittsicherheit notwendig.

Kinder: Besonders an heißen Sommertagen ist die Schwarza ein sehr beliebtes Ausflugsziel für Familien mit Kindern. Die Begehung des 1. Wiener Wasserleitungswegs ist für Kinder, bei entsprechender Aufsicht, ein echtes Erlebnis. Eine Einkehr in Kaiserbrunn und ein Besuch des dortigen Wasserleitungsmuseums runden das Erlebnis ab.

Einkehr: Gasthaus »Am Wasserwerk« in Kaiserbrunn, etwa 4 km von Hirschwang (Bushalt, keine Nächtigung im April Sa. und So., 1. Mai bis 2. Nov. tägl. geöffnet, Tel. +43 (0)2666 52391, www.raxalpe.com/de/am-wasserwerk).

Bademöglichkeit: Herrliche Badeplätze am kristallklaren, erfrischenden Fluss.

Hinweis: Rückkehr von Kaiserbrunn wie Anmarsch oder mit dem Bus zurück zum Ausgangspunkt, Info: www.retter-linien.at, Buslinie Nr. 1746.

Wer mit der Bahn anreist, kann vom Bahnhof Payerbach-Reichenau mit der historischen Höllentalbahn nach Hirschwang gelangen (So. und feiertags, Ende Juni bis Ende Okt., Info: www.lokalbahnen.at/hoellentalbahn, Züge um 10.25, 12.45 und 14.25 Uhr). Von der Endstation 1,5 km Fußweg zum Ausgangspunkt.

Tipp: Besuch des Wasserleitungsmuseums in Kaiserbrunn mit einer der Hauptquellen der 1. Wiener Hochquellenwasserleitung (geöffnet 1. Mai bis Anfang Nov. an Sa., So. und Feiertagen 10–16.30 Uhr). Info: www.wien.gv.at/wienwasser/bildung/wasserleitungsmuseum/, Tel. +43 (0)2666 52548.

Karte: F&B WK 022.

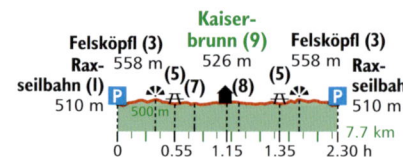

Im Höllental an der glasklaren, verträumten Schwarza.

Vom Parkplatz der **Raxseilbahn (1)** die Höllentalstraße in Richtung Hirschwang zur nahen Schwarzabrücke (Windbrücke). Vom südlichen Brückenende zweigt links der 1. Wiener Wasserleitungsweg an einer Info-Tafel nach Kaiserbrunn ab **(2)**. Auf Holzsteg über den Werksbach, dann über eine Stiege hinauf zu dem hier ansetzenden Steig. Dem orografisch linken Schwarza-Ufer folgend stromauf, erst etwas felsig, dann auf bequemen Steig zu einer Flussbiegung, die entlang eines Altarmes abgekürzt wird. Ein querender Felsriegel wird auf einer Gitterrostbrücke und auf einem ausgesetzten Felsband (Kettensicherung), über den Wassern der Schwarza, überwunden. Weiter auf der Krone einer Hangstützmauer, dann durch Wald ansteigend zu einem **Felsköpfl (3)** mit Rastbank

und großartigem Tiefblick zur smaragdgrünen Schwarza. Rechts haltend in mehreren Kehren abwärts und vorbei an idyllischen Badeplätzen zu einer steil zum Fluss hin ab-

Herrlicher Badeplatz an der Schwarza bei der Rechenbrücke.

fallenden Passage. Am Unterrand eines Felsriegels zu einer leicht ansteigenden Brücke am Hang (Geländersicherung) und über eine an den vorspringenden Felsen befes-tigte und mit Geländer versehene breite Stiege aufwärts in einfache-res Gelände. Auf gut gesichertem Weg (Kettensicherung) abwärts zur **Rechenbrücke (4)**.

Auf gesicherten Wegen und über solide Leitern durchs Höllental.

Über die Straße hinweg und links haltend abwärts zu einem idyllischen **Rastplatz (5)** bei einer Flusskehre am Fuß einer senkrechten Felswand, wo man auch gut baden gehen kann. Von dort stromaufwärts zu einer stählernen, mit Holzbohlen belegten **Fußgängerbrücke (6)** und über sie auf das orografisch rechte Ufer der Schwarza. Weiter auf gut angelegtem Weg durch den Wald sanft aufwärts zu einem Felskopf (Kettensicherung) und mittels weniger Kehren und einer Metallstiege hinab zur Höllentalstraße, die man beim rechtsufrigen Widerlager der eleganten **Abbrennbrücke (7)** erreicht. Erst entlang der Straße stromaufwärts bis zum Ende des flussseitigen Geländers (Parkplatz), dann rechts ab und auf einem Hangweg unterhalb der Straße (mehrere Halbhöhlen, Metallstiege) zur **Spannbrücke (8)**. Noch vor der Brücke links haltend hinauf zur Straße und diese entlang nach **Kaiserbrunn (9)**.
Zurück wie auf dem Hinweg.

Badenixe inmitten der Schwarza, auf fallenden Wasserstand hoffend.

Auf schmalem, gesichertem Felsband über der Schwarza.

10 ▸ Weichtalklamm

Aus dem Höllental zur Kienthaler Hütte ★★★

Ein Felseinriss an der Südseite des Schneeberges

Zwar durch das Wasser geformt, aber nicht mehr von ihm durchflossen, ist die Weichtalklamm der Sonderfall einer Trockenklamm, das Resultat Millionen Jahre dauernder Schürf- und Abbauprozesse. Der stellenweise nur wenige Meter breite, steile Felsspalt kann an Eisenleitern, Klammern und Drahtseilen abwechslungsreich durchstiegen werden. Ziel ist die in der Scharte zwischen Turmstein und Hochschneeberg gelegene Kienthaler Hütte, die zwar nur an Wochenenden bewirtschaftet, dann aber umso intensiver frequentiert ist. Einen beschwerlichen Abstieg werden wir nicht haben, denn wir folgen dem gut trassierten Ferdinand-Mayr-Weg zurück zum Weichtalhaus-Parkplatz.

KURZINFO

Ausgangspunkt: Großparkplatz Weichtalhaus, 563 m, im Höllental. Bus von Reichenau, 9 km, und Payerbach, 12 km, beide am Südausgang des Höllentales, in einem Becken der Schwarza.
Gehzeit: 4 Std.
Höhenunterschied: 820 m.
Anforderungen: Anspruchsvolle Tour. Größtenteils gesicherte Felspassagen, Klettersteig-Erfahrung nötig. Verwendung eines Klettersteig-Sets empfohlen!
Kinder: Die Begehung der gesicherten Steiganlage ist mit Kindern möglich. Zusätzlich zum Klettersteig-Set leistet ein Seil zur Nachsicherung gute Dienste.

Einkehr: Weichtalhaus (26 B., 48 L., Klettergarten, Schulungsraum, ganzj. geöffnet, 1./5. April bis 31. Okt., Di., Mi. und feiertags Ruhetag, im Winter an Wochenenden offen, Nächtigung nach Anmeldung, vor allem für Gruppen, Tel. +43 (0)2666 52134, www.weichtalhaus.at); Kienthalerhütte (Selbstversorgerhütte, Brot, Suppen, Getränke erhältlich, 7 B., 23 L., geöffnet von Ostern bis 1. Nov. Sa. 11 Uhr–So. 16 Uhr, Feiertag 9–16 Uhr, kein Winterraum, Tel. +43 (0)680 1406812, Reservierung: reservierung@kienthaler.at, www.kienthaler.at).
Bademöglichkeit: Nach der Tour ist an heißen Sommertagen ein Eintauchen in die Schwarza wahrer Hochgenuss.
Gipfelmöglichkeiten: Von der Kienthaler Hütte wird Geübten die Besteigung des Turmstein, 1416 m, über einen kurzen, aber sehr exponierten Klettersteig (nur mit Klettersteig-Set!) empfohlen. Gesamter Zeitaufwand: 15 Min. Von der Kienthaler Hütte kann der höchste Gipfel des Schneebergs, das Klosterwappen, 2076 m, auf markiertem Weg unschwierig bestiegen werden. Gesamter zusätzlicher Zeitaufwand: 3 Std.
Hinweis: Nach längeren Regenfällen wird von einer Begehung der Weichtalklamm abgeraten.
Karte: F&B WK 022.

Im Anstieg durch den engen Spalt der unteren Weichtalklamm.

Die Kienthaler Hütte mit dem Turmstein am oberen Ende der Weichtalklamm.

Vom Parkplatz am **Weichtalhaus (1)** auf rot markiertem Weg nordwärts in den bewaldeten Weichtalgraben und dort neben dem meist trockenen Bachbett hinauf in die von hohen Wänden flankierte **Weichtalklamm (2)**. Durch sie im abwechslungsreichen Anstieg über mehrere Aufschwünge (Eisenleitern, Klammern, Ketten, herausgeschlagene Tritte) hinweg zur Einmündung des Ferdinand-Mayr-Wegs am **oberen Klammende (3)**.

Auf dem nun rot und gelb bezeichneten Weg weiter zur Jakobsquelle. Danach vorerst noch im Graben, später links über einen Rücken gegen den Turmstein empor und am Wandfuß weiter zu der am Sattel zwischen Turmstein und Hochschneeberg idyllisch gelegenen **Kienthaler Hütte (4)**, 1380 m.

Zurück zum **oberen Klammende (3)** mit Rechtsabzweigung des gelb bezeichneten Ferdinand-Mayr-Wegs Nr. 801. Diesen erst an Waldhängen entlang, dann einen steilen Rücken in Südrichtung hinunter zu einer Holzfällerhütte. Die Flanken des Krenkenkogels eben queren, später in Kehren unter dem Schwarzkogel gegen das Höllental hinab und links zum **Weichtalhaus (1)**.

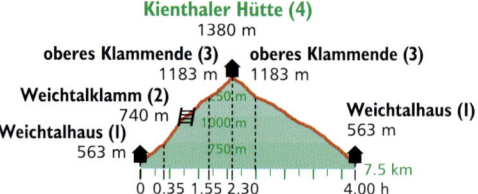

Kienthaler Hütte (4)
1380 m
oberes Klammende (3)   oberes Klammende (3)
1183 m   1183 m
Weichtalklamm (2)
740 m
Weichtalhaus (l)
563 m
750 m
1000 m
750 m
Weichtalhaus (l)
563 m
7.5 km
0 0.35 1.55 2.30   4.00 h

Falkenschlucht und Tirolerkogel

11

Auf den zweithöchsten Gipfel der Türnitzer Alpen ★

Wasser- und Bergtour in einem

Die Schauklammen rings um Wien lassen sich an einer Hand abzählen. Dass dabei die Falkenschlucht bei Türnitz leicht übersehen wird, verdankt sie ihrer äußerst versteckten Lage im Quellgebiet der Türnitzer Traisen. Mit Brücken, Stegen und Treppen ausgestattet, wird diese stellenweise nur wenige Meter breite Talenge meist auf den Pilgerrouten nach Mariazell berührt. Aber sie lohnt auch einen selbstständigen Besuch, vor allem dann, wenn eine Besteigung des Tirolerkogels »angehängt« wird. Dieser bietet nämlich nicht nur einen tollen Überblick über das Gipfelheer der Türnitzer und Mariazeller Berge, sondern hat im Annaberger Haus eine fast das ganze Jahr über geöffnete Schutzhütte mit Einkehr- und Übernachtungsmöglichkeit parat.

KURZINFO

Ausgangspunkt: Parkplatz, 533 m, im Retzbachtal südlich der felsigen Verengung »Eisernes Tor«. Zufahrt von Türnitz mit dem eigenen Auto, 5,3 km.

Gehzeit: 5 Std.

Höhenunterschied: 850 m.

Anforderungen: Lange und auch etwas anstrengende Tour, bei der Trittsicherheit vonnöten ist.

Kinder: Der Anstieg auf den Tirolerkogel verläuft großteils auf Forststraßen und ist für Kinder nicht sonderlich spannend. Doch lohnt die Durchwanderung der Falkenschlucht hin und retour durchaus auch für sich allein, wobei bis zur Straßenkehre (WP 4) gewandert wird. Gesamter Zeitaufwand: 2.30 Std.

Einkehr: Annaberger Haus (13 B., 29 L., ganzj. Mi.–So., 15. August bis 15. Nov. tägl. geöffnet, Tel. +43 (0)2728 20459 und +43 (0)664 5231076, www.alpenverein.at/annabergerhaus).

Bademöglichkeit: Beim Parkplatz »Eisernes Tor« steht einer Abduschung im kühlen Retzbach nichts im Wege.

Hinweis: Mit dem Fahrrad kann bis zum Eingang in die Falkenschlucht gefahren werden (in Summe 1 Std. kürzer).

Tipp: Vom Eingang in die Falkenschlucht aus führt ein Steiglein nach rechts empor zum Naturdenkmal Innerebengrotte. Die Grotte ist 12 m breit und 8 m hoch und besitzt in dem 4 m hohen Höhlen-Wasserfall (ganzj. wasserführende Quelle) eine echte Sehenswürdigkeit des Gebiets.

Karte: F&B WK 031.

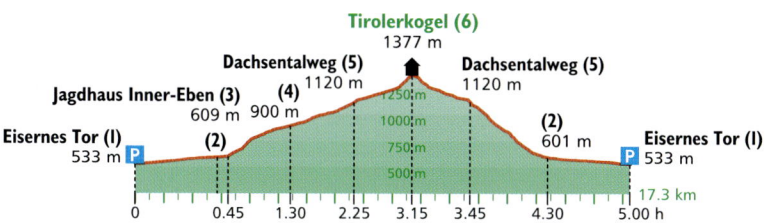

Vom Parkplatz am **Eisernen Tor (1)** die Forststraße mit Weg Nr. 606A durch das Tal des Retzbachs einwärts

zu einer **Straßenteilung (2)**. Talein zum **Jagdhaus Inner-Eben (3)**, auch »Hubertushof«, und weiter zur

Idyllischer Felswinkel am Eingang in die Falkenschlucht.

nächsten Verzweigung. Hier rechts auf bezeichnetem Weg durch ein enges Felsportal in die Falkenschlucht. An ihrer linken Seite empor zu felsiger Verengung. Danach über den Falkenbach und jenseits links hinauf zu einer Kanzel vor der eigentlichen Klamm. Kurz abwärts und auf Holzstegen durch sie hindurch, später im Waldgraben bald an die linke Talseite und dort zu einer Forststraße. Auf ihr durch den Graben nach Südwesten aufwärts zu einer **Straßenkehre (4)**. Rechts haltend die jetzt unbezeichnete Straße an den Hängen von Törlstein und Lackenkogel nach Norden bergauf und über Wiesen an den Ostrücken des Lackenkogels mit der Einmündung des **Dachsental-**

wegs (5). Die Straße nun mit Nr. 73 nach links (Westen) hoch in die Wiesenmulde des oberen Dachsentales. Durch sie auf einem Steig westwärts empor in einen Sattel und rechts an den Gipfelaufbau des Tirolerkogels. Im lichten Wald und über Wiesen in steilen Windungen an den grasigen Nordostrücken des Berges und dort zu querender Naturstraße. Auf ihr nach links zu einem Gatter und auf Fußweg rechts hinauf zum Annaberger Haus am Gipfel des **Tirolerkogels (6)**.

Zurück zur Linksabzweigung des **Dachsentalwegs (5)**. Den rot bezeichneten Weg am Ostrücken des Lackenkogels im Wald abwärts in einen Sattel und dort auf dem Fahrweg steil nach links (Nordwesten) hinab in das Dachsental. An seiner rechten Seite weiter zu einer Verzweigung. Den Fußweg links hinab zu den Wiesen der Talsohle (Holz-hütte) und über diese, später im Wald zu einer Forststraße. Auf ihr rechts zur **Straßenteilung (2)** im Retzbachtal und auf ihr zurück zum Parkplatz am **Eisernen Tor (1)**.

Die Halterhütte im Gipfelbereich des Tirolerkogels. Im Hintergrund der Göller.

12 ▶ Vordere Tormäuer und Hochbärneck

Zum Trefflingfall und Almhaus Hochbärneck ★★

Aus dem Dunkel zum Licht …

Das Tal der Erlauf und dort die gewaltige Schluchtstrecke der Vorderen Tormäuer mit den von allen Seiten herabgischtenden Wasserfällen ist ein ostösterreichisches Naturjuwel, ihre Durchwanderung ein Hit des Mariazeller Landes, ein unbedingtes Muss für Jung und Alt. Im Anschluss an den Besuch steigen wir entlang des Trefflingfalls über Sulzbichl auf das Hochbärneck, wo Gastschänke und Aussichtswarte die Sinne des Wanderers erfreuen.

KURZINFO

Ausgangspunkt: Parkplatz Eibenboden, 450 m (Infotafeln), am Eingang in die Vorderen Tormäuer. Anreise mit eigenem Auto von Gaming, 10 km, oder Kienberg, 9 km. Auf schmaler Asphaltstraße durch das Erlauftal zur Mündung des Nestelberggrabens mit Linksabzweigung des Güterwegs »Eiben«. Auf ihm nach 200 m zum Parkplatz Eibenboden, vom 1. Mai bis 1. Nov. kostenpflichtig.
Gehzeit: 4 Std.
Höhenunterschied: 500 m.
Anforderungen: Einfache, jedoch lange Wanderung auf teilweise schlecht markierten Wegen/Forststraßen. Trittsicherheit nötig.
Kinder: Wegen der vielen Sensationen (naturbelassener Bergbach, Wasserfälle, Aussichtsturm und Gaststätte im Gipfelbereich) eine tolle Tour für Kinder. Gemütlicher Ausklang bei der Badestelle am Erlaufufer bei Eibenboden.
Einkehr: Gasthof Schindlhütte (10 B., Jän. und Feb. geschlossen, Nov. und Dez. Mo.–Mi., sonst nur am Mo. Ruhetag, Tel. +43 (0)7485 67069, www.schindl-huette.at); Almhaus Hochbärneck (10 B., 14 L., ganzj. geöffnet, Mo. und Di. Ruhetag, Tel. +43 (0)7482 48464, www.hochbaerneck.com); Erlebnisdorf Sulzbichl (7 Stelzenhäuser mit je 5–6 Lager, 1. Mai bis 31. Okt. geöffnet; Tel. +43 (0)2726 238);

Kiosk Sulzbichl (keine Nächtigung, 1. Mai bis 26. Okt. tägl. 9–19 Uhr geöffnet, sonst auf Anfrage, Tel. +43 (0)2726 205, www.puchenstuben.at); Gasthaus Trefflingtalerhaus auf Sulzbichl (keine Nächtigung, Mai bis Nov. Mi.–So., sonst Fr., Sa. und So. geöffnet, Tel. +43 (0)2726 231, www.trefflingtalerhaus.at); Wirtshaus »Alte Schule« in Trübenbach (15 L., 1. April bis 31. Okt. tägl. 8–18 Uhr geöffnet; Mo. Ruhetag, Tel. +43 (0)2728 392).
Bademöglichkeit: Im Bereich der Vorderen Tormäuer bietet das klare Bergwasser der Erlauf willkommene Abkühlung. Mit Kindern ist jedoch wegen der teils starken Strömung Vorsicht geboten.
Variante: Von Sulzbichl im Trefflingtal erreicht man mit dem Bummelzug »Ötschi's Bahnorama« (Betrieb vom 1. Mai bis 30. Sept. Sa., So. und Feiertag) das Wirtshaus »Alte Schule« in Trübenbach und von dort durch den Südteil der Vorderen Tormäuer, am Toreck vorbei, den Parkplatz Eibenboden.
Hinweis: Von der auch mit dem Auto erreichbaren Terrasse Hochbärneck zeigt sich der gegenüber aufragende Ötscher von seiner schönsten Seite.
Tipps: Von der Schindlhütte (an der Zufahrtsstraße von Kienberg-Gaming, 1,5 km vor Eibenboden) lohnender Besuch der Ötscher-Tropfsteinhöhle (Führungen: 1. Mai bis 26. Okt. Sa., So. und Feiertag 9–16 Uhr, Juli/August auch Mi.).
Karte: F&B WK 031.

In den Vorderen Tormäuern: das »Toreck«, eine klammartige Verengung der Erlaufschlucht.

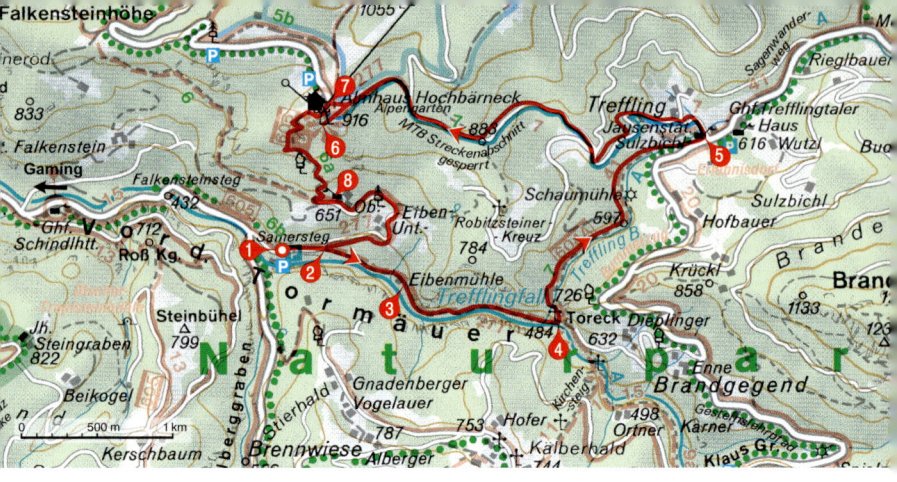

Vom **Parkplatz Eibenboden (1)** die schmale Asphaltstraße mit Weg Nr. 6 und 15 am Waldhang nach Osten aufwärts zur Linkskehre mit **Verzweigung (2)**. Rechts ab und auf abgeschranktem Güterweg (Nr. 3, 7, 277 und 604 A) hinab zur verfallenen **Eibenmühle (3)**, 460 m. Den Fußweg links neben der Erlauf talein zur Brücke über den in Kaskaden herabstürzenden Trefflingbach, den sogenannten **Trefflingfall (4)**, 484 m, mit Verzweigung. Links ab und auf dem Weg Nr. 7 und 604 A anfangs rechts, dann links des Trefflingfalls über einen felsigen Steilaufschwung empor in das Trefflingtal und dort links vom Bach weiter zum **Erlebnisdorf Sulzbichl (5)**, 616 m, mit einem Kiosk.

Links den Fahrweg Nr. 7 an den Südflanken des Turmkogels in Westrichtung bergauf zur Wiesenmulde bei den Trefflinghöfen, danach durch einen Graben zur Bergecke Talirga,

720 m, und zu einer Verzweigung. Auf Weg Nr. 7 weiter zu einer Schulter, danach auf Karrenweg in einen Sattel und nach links zum Gipfel des **Hochbärneck (6)**, 954 m, mit Aussichtsturm. Zurück in den erwähnten Sattel und dort nach links (Nordwesten) hinunter zum **Almhaus Hochbärneck (7)**, 916 m. Den rot bezeichneten Weg Nr. 6 a durch bald dichten Wald in steilen Windungen und Kehren nach Süden hinunter zum querenden Naturfahrweg Nr. 6 (»Kirchensteig«), der bei einer Garage erreicht wird, und diesen links haltend durch Wiesen (Ötscherblick!) abwärts zum **Obereibenhof (8)**, 651 m. Nun auf schmaler Asphaltstraße durch ein kurzes Waldstück nach Osten hinab in die sanfte, weite Wiesenmulde beim Untereibenhof. Durch Wald in Windungen weiter bergab zur eingangs berührten Kehre mit **Verzweigung (2)** und hinab zum **Parkplatz Eibenboden (1)**.

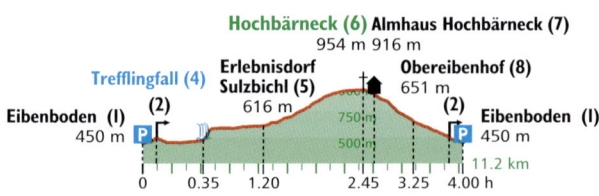

Hintere Tormäuer und Ötschergräben **13**

Durch den Erlaufcanyon nach Mitterbach ★★★

Schluchtenspektakel unterm Ötscher

Vom Ötscherbach und der Erlauf durchflossen, bilden Tormäuer und Ötscher-gräben den gewaltigsten Gebirgscanyon Ostösterreichs. Die am Rande der Schluchten entlangführende Mariazellerbahn ermöglicht reizvolle Touren-kombinationen, mit deren Hilfe es möglich ist, den Canyon in mehrtägigen Etappen oder in einem Zuge, als Tagestour, kennenzulernen. Denjenigen mit engen Zeitfenstern empfehle ich die Durchwanderung der Hinteren Tormäu-er und der Vorderen Ötschergräben von Gösing nach Mitterbach. Als Zurück-bringer fungieren die seit September 2013 im Einsatz befindlichen Fahrzeuge (»Die Himmelstreppe«) der Mariazellerbahn mit neun Niederflurtriebfahr-zeugen und vier Panoramawagen, die von 1. Mai bis 1. November und im Advent an Wochenenden und Feiertagen verkehren und mit reichhaltigem Frühstück und regionalen Schmankerln verwöhnen. Die empfehlenswerte Wander-Zug-Kombination bietet ein nicht alltägliches Wander- und Schau-erlebnis durch alle Tiefen und verborgenen Winkel der Ötscherschluchten.

K U R Z I N F O

Ausgangspunkt: Bahnhof Gösing, 890 m (Haltestelle an der Mariazeller-bahn, Parkplatz), Luftkurort, hoch über der Erlaufschlucht, 11 km südlich von Puchenstuben.

Endpunkt: Bahnhof Mitterbach, 790 m. Rückfahrt mit der Mariazellerbahn (mehrmals täglich) nach Gösing. Ab-fahrtzeiten unter www.noevog.at, www.mariazellerbahn.at.

Gehzeit: 5 Std.

Höhenunterschied: 360 m im An-stieg, 460 m im Abstieg.

Anforderungen: Einfache Wande-rung auf markierten Wegen, jedoch Tritt-sicherheit und Schwindelfreiheit nötig.

Kinder: Die Durchwanderung der Tor-mäuer und Ötschergräben mit Kindern bietet ein Naturerlebnis der Extraklasse, allerdings wird von den Sprösslingen Durchhaltewille und Ausdauer gefor-dert, besonders im Gegenanstieg vom Ötscherhias (dort ausgiebige Rast einpla-nen!) zum Forsthaus Hagengut.

Einkehr: Alpenkurhotel Gösing (120 B., Luxushotel, im März Betriebsurlaub,

sonst immer geöffnet, kein Ruhetag); Imbiss-Kiosk in Erlaufboden (bei Schön-wetter 1. Juni bis 31. Okt. geöffnet); Jausenstation Ötscherhias (1. Mai bis 26. Okt. tägl. 9–17 Uhr geöffnet); Jau-senstation Erlaufstauseeschänke (Mai und Okt. Fr., Sa. und So., Juni bis Sept. tägl. außer Mi. geöffnet); mehrere Gastbetriebe in Mitterbach.

Bademöglichkeit: In den klaren Was-sern der Erlauf und des Ötscherbachs kann man unterwegs immer wieder ba-den und duschen. Einen Besuch wert ist das Alpenbad in Mitterbach (bei Schön-wetter von 1. Mai bis 15. Sept. geöffnet, Tel. +43 (0)3882 3163).

Variante: An der Straßengabel nach dem Forsthaus Hagengut kann man, links der »Ötscherstraße« folgend, am Nord-ufer des Erlaufstausees in 15 Min. zur Haltestelle Erlaufklause, 814 m, gelangen und von dort mit der Mariazellerbahn (www.mariazellerbahn.at) nach Gösing zurückfahren. 1 Std. Zeitersparnis.

Hinweis: Vorsicht mit Kindern an expo-nierten Wegstellen! Nach längeren Re-genfällen (Hochwasser) ist von dieser Tour abzuraten.

Karte: F&B WK 031.

In den Hinteren Tormäuern zwischen Erlauf- und Stierwaschboden.

Vom Bahnhof in **Gösing (1)** auf Asphaltstraße über das Gleis der Mariazellerbahn zum Alpenkurhotel Gösing, 866 m. Rechts am Hotel vorbei, danach durch den Park nach links abwärts in den Wald und dort zur Rechtsabzweigung des rot markierten Fußwegs Nr. 13. Diesen an den Waldhängen schräg nach links (Südosten) hinab an eine Hangrippe und über diese hinab zu einer Waldlichtung bei einer kleinen Schulter. Die Geländerippe in steilen Windungen weiter bergab zu den Wiesen im Angerbachgraben und dort zu querender Forststraße. Auf ihr nach rechts abwärts, dann nach links über den Bach zu den Häusern von **Erlaufboden (2)**.

Auf der Asphaltstraße rechts haltend über die Erlaufbrücke zur Linksabzweigung der gelb und rot markierten Naturstraße (Weg Nr. 277) in die Hinteren Tormäuer. Auf ihr 50 m nach Süden zu einer Waldblöße mit Imbiss-Kiosk, danach auf Fahrweg durch Gesträuch zu einem Wendeplatz. Den aus dem Fels gesprengten Fußweg entlang einer Stromleitung sanft bergauf, später über eine Brücke an das linke Ufer. Durch die von Wänden flankierte Schlucht im Wald sanft aufwärts und wieder an das rechte Ufer.

Durch die großartige Enge der Stierwaschmäuer zur Verbreiterung des **Stierwaschbodens (3)**. Rechts an einem kleinen Stausee vorbei, danach zur Verzweigung bei einer Holzbrücke, 622 m, mit dem Kraftwerk Wienerbruck der EVN am jenseitigen Ufer. Geradeaus, den gelb und rot markierten Weg Nr. 277 und 622 oberhalb der Erlauf durch Gesträuch zum Vereinigungspunkt von Erlauf (Zinkenschlucht) und Ötscherbach (Ötschergräben).

Den teils aus dem Fels gehauenen Steig (keine Geländersicherung, Trittsicherheit und Schwindelfreiheit nötig!) an der rechten Seite der Vorderen Ötschergräben sanft aufwärts und über eine Brücke an das linke Ufer. Dort an steilen Schrofenhängen bergauf, später über eine Doppelbrücke, 656 m (Felsblock-Träger im Bachbett), wieder an das rechte Ufer. An einer Quelle vorbei, in Südwestrichtung weiter, bis sich das Tal schluchtartig verengt. Auf guter Wegtrasse (Holzstege) eben oder sanft aufwärts zu einer Verzweigung und nach links über eine Holzbrücke zu der an steiler Felsflanke über dem Ötscherbach postierten **Jausenstation Ötscherhias (4)**.

Den rot markierten Weg Nr. 34 und 206B durch Wald in Kehren nach Süden hinauf zu einer Aussichtskanzel. Nun an der rechten Seite des Mühlbachgrabens, oberhalb eines Mühlrades vorbei, im Wald aufwärts zum Hüttendepot (Park- und Wendeplatz) am Ende der Zubringerstraße. Nach links über den Bach und jen-

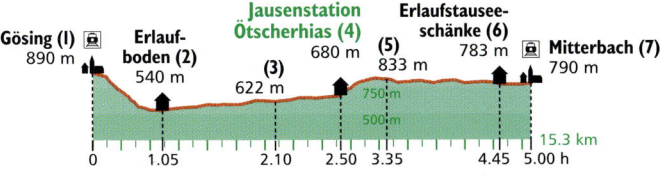

Gösing (I) 890 m — Erlaufboden (2) 540 m — (3) 622 m — **Jausenstation Ötscherhias (4)** 680 m — (5) 833 m — **Erlaufstauseeschänke (6)** 783 m — Mitterbach (7) 790 m

750 m · 500 m · 15.3 km

0 · 1.05 · 2.10 · 2.50 · 3.35 · 4.45 · 5.00 h

Unterwegs in den Hinteren Tor-mäuern.

seits (Steig) im Wald empor zur Forststraße, der »Ötscherstraße«. Auf ihr in Schleifen nach Osten auf-

wärts in den Wiesensattel beim **Forsthaus Hagengut (5)** mit schöner Holzkapelle und jenseits hinab zur Gabelung, 800 m, noch vor dem Erlaufstausee.

Rechts die blau bezeichnete Naturstraße, eine große Bucht des Erlaufstausees ausgehend (oder auf einsturzgefährdeter Brücke abkürzend), an das Südufer und dort im Wald zu einer Verzweigung. Links auf breitem Fußweg, einige Buchten ausgehend, an den Waldhängen über dem fjordartigen See zu einer Lichtung (Ötscherblick!) und bei der **Erlaufstauseeschänke (6)** zur Bundesstraße Nr. 20. Auf ihr rechts haltend in das Ortszentrum von Mitterbach und dort links hoch zum Bahnhof in **Mitterbach (7)** der Mariazellerbahn.

Rückfahrt nach **Gösing (1)** mit den Garnituren »Himmelstreppe« der Mariazellerbahn.

Rechts: Die Vorderen Ötschergräben zwischen Stierwaschboden und Jausenstation Ötscherhias.
Unten: Die Einkehr »Ötscherhias« ist unter Wanderern sehr beliebt.

14 ▶ Salzaklamm

Von Mariazell hinab zur Salza ★

Im »Kellergeschoss« des Wallfahrtsortes

Wer im Nahbereich von Mariazell nach Schluchten oder Klammen Ausschau hält, wird wohl mitleidig belächelt, doch es gibt sie in der Tat! So erlebt man im Ostabstieg vom Luckerten Kreuz in das Halltal die große Überraschung: Nach Rechtsabzweig von der Straße betritt man das zauberhafte, hier zur Schlucht verengte Waldtal der tiefgrünen Salza, dessen Durchwanderung bis nach Rasing reinen Gehgenuss verspricht und auch mit Kindern oder älteren Leuten zu empfehlen ist. Der Legende nach soll dem, der die Toröffnung des Luckerten Kreuzes durchschreitet, Gesundheit, Glück und Erfolg beschieden sein. Heiratswillige Mädchen müssen nach altem Volksglauben dreimal oder neunmal betend hindurchgehen, um einen guten Mann zu bekommen.

KURZINFO

Ausgangspunkt: Hauptplatz vor der Basilika in Mariazell, 868 m, bedeutendster Marien-Wallfahrtsort Mitteleuropas, an der Wasserscheide von Erlauf und Salza gelegen.
Gehzeit: 2.30 Std.
Höhenunterschied: 150 m.
Anforderungen: Einfache, gut beschilderte Wanderung auf markierten Fuß- und Fahrwegen. An einigen exponierten Felspassagen (meist mit Drahtseilen) ist Trittsicherheit nötig.

Kinder: Die nicht allzu lange Tour, vor allem die Durchwanderung der romantischen Talenge mit ihren Indianerpfaden und den vorhandenen Bade- und Rastmöglichkeiten, bereitet auch Kindern großes Vergnügen.
Einkehr: Zahlreiche Gastbetriebe in Mariazell, unterwegs keine Einkehr.
Bademöglichkeit: An der Salza bieten sich mehrmals Stellen zum Abduschen und Baden an.
Hinweis: Die Tour ist auch bei weniger gutem Wetter (kein Regen!) zu machen.
Karte: F&B WK 031.

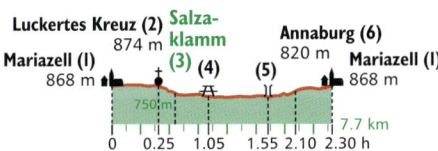

Idyllischer Rastplatz in der Salzaklamm.

Vom Hauptplatz in **Mariazell (1)** durch die Wiener Neustädterstraße, oberhalb der Basilika vorbei, eben aus dem Stadtbereich zur querenden B21 (»Ungarnstraße«). Diese nach links (Osten) zur Siedlung »Am Kreuzberg« und dort zum charakteristischen legendenumwobenen Bildstock **»Luckertes Kreuz« (2)**, 874 m, dessen Öffnung zu einem Rastplatz (Bank, Brunnen, WC) durchschritten wird. Geradeaus auf Fußweg (Weitwanderwege 05 und 06), die Kehren der Straße abkürzend, gegen das Halltal hinab zur Rechtsabzweigung des rot markierten Wegs Nr. 12 in die **Salzaklamm (3)** nach der letzten Linkskehre. Hin-

ab zu einem Haus und auf bezeichnetem Fußweg (Drahtseile, Geländersicherung) rechts über der Salza an einer Felswand entlang hinab zum Bach. Dort durch Buschwerk und Wald, an Felsblöcken vorbei, eben dahin, später steiler bergauf zu einer Anhöhe. Jenseits (Drahtseile) wieder hinunter zum Bach und dort eben zu einem schönen **Rastplatz (4)** mit Bänken und Bademöglichkeit (Sandbank).
Entlang der Salza im Auf und Ab weiter, dann um eine Ecke nach rechts herum zu querendem Fahrweg. Diesen mit Weg Nr. 12 links haltend etwas abseits des Baches im Auwald eben fort, dann auf einem Fußweg

Genussreiches Wandern am Ufer der Salza.

an den Waldhängen rechts über der Salza auf und ab wieder hinab zum Bach und zum Beginn eines Fahrwegs. Auf ihm durch das sich weitende Waldtal zu den Rasinger Wiesen. Bei einer Verzweigung links den »Erzherzog-Johann-Weg« Nr. 432 und 14 kurz hinab zur **Salzabrücke (5)** mit Privathäusern und Bademöglichkeit.

Zurück zur Verzweigung, dort auf dem Fahrweg weiter und bald zu querender Naturstraße, die traversiert wird. Jenseits den rot markierten Fußweg Nr. 12 und 14 vorerst über Wiesen, dann im Wald, einen Graben ausgehend, in einer Schleife empor zur Siedlung **Annaburg (6)**. Auf schmaler Asphaltstraße in Windungen nach Nordosten hinauf zur B 21 und diese links hinab gegen die querende B 20. Noch vor ihr rechts ab und über den Parkplatz P3, dann auf einem Fußweg steil nach Norden hoch, danach links den »Hans-Laufenstein-Weg«, an Kindergarten und Hauptschule vorbei, zurück zu unserem Ausgangspunkt, dem Hauptplatz in **Mariazell (1)**.

Purgstaller Erlaufschlucht

15

Östlicher Praterweg und Fischersteig

★★

Spektakulärer Konglomerat-Canyon im Alpenvorland

Zwischen Wieselburg und Purgstall in Richtung Ötscher unterwegs, denkt kein Mensch an eine Schlucht. Und doch gibt es eine solche, allerdings tief eingefräst in das brettebene Schotterbett der Erlauf. Überdeckt von Wäldern, Feldern und Wiesen sind hier die von eiszeitlichen Gletschern zurückgelassenen Schotterbänke zu einem festen Konglomerat verdichtet, durch den sich das Wasser der Erlauf ein canyonartiges Flussbett geschürft hat. Es führen zwei Wege durch den Schluchtkanal: den mit Aussichtspunkten versehenen breiten Praterweg an den beidseitigen Oberrändern und den im Auf und Ab durch Klüfte, Schlünde und Felsspalten führenden, etwas anspruchsvolleren Fischersteig an der westseitigen Schluchtwand entlang. Den einen hin, den anderen retour gegangen, werden wir mit fantastischen Aus- und Tiefblicken auf die tiefgrünen Fluten der Erlauf verwöhnt. Ich wüsste an drückend heißen Sommertagen keine empfehlenswertere Tour als diese.

KURZINFO

Ausgangspunkt: Erlaufbrücke mit dem alten Brückenkreuz von 1872 im Ortszentrum von Purgstall, 299 m, Marktgemeinde an der Erlauf, 8 km nördlich von Scheibbs.
Gehzeit: 3.30 Std.
Höhenunterschied: 130 m.
Anforderungen: Unschwierige Wanderung auf markierten Wegen und Pfaden. Am Fischersteig ist etwas Trittsicherheit nötig. Nur bei trockenem Wetter.
Kinder: Eine tolle Tour für naturbegeisterte, aufgeweckte Kinder, in erster Linie wegen des abenteuerlichen Rückwegs entlang des Fischersteigs.
Einkehr: Gastbetriebe im Ortsgebiet von Purgstall, unterwegs keine Einkehr.
Bademöglichkeit: Erlauftalbad Purgstall (12./15. Mai bis 31. August Mo.–Fr.

9.30–21 Uhr, Sa. und So. 9.30–20 Uhr geöffnet; Flutlichtbaden jeden Do. bis 22 Uhr, Wasserrutsche). Flussschnorcheln in der Erlauf zwischen Purgstall und Wieselburg.
Bootsverleih: Verleih von Ruder- und Tretbooten (mit Kinder-Abenteuer-Spielplatz) in der Westernstadt beim Schinaklwirt nahe Sölling, südlich von Purgstall.
Variante: Statt dem zwar abwechslungsreichen, aber etwas beschwerlichen Fischersteig kann man auf dem Rückweg auch dem am Schluchtrand entlang führenden westseitigen Praterweg folgen. 20 Min. Zeitersparnis.
Hinweis: Unter »Prater« wird der Wald nördlich von Purgstall beiderseits der Erlauf bezeichnet.
Tipp: Besonders eindrucksvoll ist die Begehung der Erlaufschlucht im Frühjahr zur Zeit der Schneeschmelze mit dem höchsten Wasserstand.
Karte: F&B WK 031.

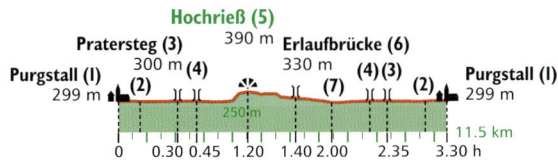

Badevergnügen und Wasserabenteuer in der Purgstaller Erlaufschlucht.

Von der Erlaufbrücke in **Purgstall (1)** durch die Kirchengasse ostwärts zur Linksabzweigung der Parkgasse gegenüber dem Gasthof Hörhan. Auf ihr, an der Neuen Mittelschule und der Einfriedung zum Schlosspark vorbei, nordwärts zur **Umfahrungsstraße B 25 (2)**, die traversiert wird. Jenseits (Schranke) den ebenen Fahrweg Nr. 4 (»Praterweg«, Naturlehrpfad) durch Felder und Wiesen am Rande des Auwalds eben zur Linksabzweigung zur Aussichtsplattform 1, die man absteigend über eine Betonstiege erreicht (Schluchtblick!). Geradeaus zur Metallbrücke **»Pratersteg« (3)** mit tollem Tiefblick, danach, an einem Bildstock vorbei, durch Wald zur Linksabzweigung gegen die Aussichtsplattform 2. Geradeaus zum überdachten **»Romantiksteg« (4)**,

einer Holzbogenbrücke über die Erlauf, später aus dem Wald (Bank) und auf unbezeichnetem Wiesenweg zu einem Bauernhof. Rechts um ihn herum unter die Waldflanke des Hochrieß. Am Wiesenrand (Ötscherblick!) 100 m nach rechts aufwärts, dann links in einen Graben mit dreifacher Verzweigung. Hier links den steil nach oben führenden Fußweg an einer Waldrippe nach Norden empor zu den Feldern und Wiesen am Hochrieß-Plateau (Blick nach Norden auf Wieselburg und Maria Taferl) und dort zum Querweg Nr. 4. Auf ihm am Waldrand nach rechts aufwärts zur Anhöhe **Hochrieß (5)** mit Hochstand, Bank und freiem Rundumblick.
Am Waldrand zurück zur Linkseinmündung des bekannten Anstiegswegs. Dort am Höhenrücken gera-

deaus weiter bergab zu einer Schulter, danach auf Fahrweg, oberhalb eines Hofs vorbei, bis der Rücken nach links verlassen wird. An den Waldhängen nach Nordwesten abwärts und noch vor dem Türkensturz in einer Linkskurve hinaus zu freien Feldern und zu einem Privathaus. Die Zufahrtsstraße nach rechts zur **Erlaufbrücke (6)** und jenseits zur Verzweigung. Links auf dem Fahrweg zwischen Auwald und Feldern eben nach Süden zu einer Verzweigung bei einer Rechtskurve. Links ab und auf schönem Uferweg im Linksbogen zur nächsten Gabelung. Zunächst links hinab zur Erlauf mit dem **»Schlierwandblick« (7)** zu der über dem jenseitigen Ufer aufragenden Schlierwand. Wieder hinauf zur Gabelung und jetzt links haltend im Wald weiter, später auf links abzweigendem Fußweg (Zaun) am westlichen Erlaufufer hart am Schluchtrand zum **»Romantiksteg« (4)** und weiter zum **»Pratersteg« (3)**. Nicht auf dem »Praterweg« am Schluchtrand weiter, sondern wesentlich schöner, links unterhalb von ihm, auf dem grün-weiß markierten »Fischersteig« an efeugeschmück-

ten Schluchtwänden (mit flussparallelen Rippen und Spalten) in stetem Auf und Ab dahin, zuletzt über eine Treppe empor zum »Praterweg« und mit ihm zur **Umfahrungsstraße B 25 (2)**. Weiter auf bekanntem Weg ins Zentrum von **Purgstall (1)**.

Die Erlauf hat sich bei Purgstall tief in das Konglomeratgestein eingegraben.

16 # Erlaufsee, 827 m

Eine Umrundung und zum Erlaufursprung

»Ich liege beschaulich an klingender Quelle
und senke vertraulich den Blick in die Welle.« (Gottfried Keller)
Lunzer See, Erlaufsee und Leopoldsteiner See sind die drei größten natürlichen Gebirgsseen Ostösterreichs. Sie warten mit attraktiven Rundwegen auf, die außer bei hoher Schneelage fast das ganze Jahr hindurch zu begehen sind. Begleitet von prächtigen Seemotiven ist der Erlaufsee-Noruferweg gleich zu Beginnn der Wanderung ein Höhepunkt, während man am Südufer zwischen der Straße und dem oberhalb verlaufenden Fußweg wählen kann. Aber am Erlaufsee lässt sich's nicht nur wandern – Freibad, Bootsverleih und eine Tauchschule geben auch dem Wassersportler Gelegenheit zur Betätigung.

KURZINFO

Ausgangspunkt: Parkplatz Herrenhaus, 830 m, am Ostende des Erlaufsees beim Restaurant Herrenhaus, 3,5 km von Mariazell, 868 m, Wallfahrtsort an der Wasserscheide von Erlauf und Salza, bzw. Mitterbach, 789 m, im Erlauftal am Fuß der Gemeindealpe.

Gehzeit: 2.15 Std.

Höhenunterschied: 130 m.

Anforderungen: Problemlose Wanderung auf stark frequentierten Fahr- und Fußwegen.

Kinder: Etliche Attraktionen, bei Schönwetter dürfen natürlich Bad und Bootsfahrt im Erlaufsee nicht fehlen.

Einkehr: Cafe-See-Buffet Herrenhaus (1. Mai bis 30. Sept. geöffnet, Juni, Juli August tägl., sonst Sa., So. und Feiertage, Tel. +43 (0)676 5915647, www.herrenhaus-see.at, Apartments); Strandbuffet Erlaufsee (im Sommer bei schönem Wetter geöffnet, www.erlaufsee-strandbuffet.at); Gasthof Seewirt (bis auf Weiteres geschlossen).

Bademöglichkeit: Herrliches Strandbad (8000 m² Sandstrand, 5000 m² Liegewiese) am Ostufer des Erlaufsees beim Parkplatz Herrenhaus, ferner Angel-, Tauch- und Surfgelegenheit (Tauchschule am Westende des Sees). Durchschnittliche Wassertemperatur im Sommer 19 bis 22 °C.

Bootsverleih: Boote kann man sich am Ostende des Erlaufsees beim Herrenhaus leihen (9–19 Uhr), insgesamt stehen 30 Tret-, Elektro- und Ruderboote bereit.

Gipfelmöglichkeit: Vom Nordufer des Erlaufsees kann die Gemeindealpe, 1626 m (Sessellift von Mitterbach, am Gipfel das im Sommer bewirtschaftete Terzerhaus, 37 L., Tel. +43 (0)699 12043852, www.terzerhaus.at), auf markiertem Fußweg in 2.30 Std. bestiegen werden.

Variante: Man kann auf dem Rückweg vom Seewirt auch der in Ufernähe verlaufenden Autostraße folgen, diese Route ist etwas kürzer.

Hinweis: Bei Verzicht auf den Besuch des Erlaufursprungs verkürzt sich die Tour um 1 Std.

Tipp: Der Erlaufsee kann von Mariazell auch mit der »Museumstramway« erreicht werden, eine zwischen 1976 und 1984 errichtete Bahnstrecke mit den Wagen etlicher Straßenbahn- und Lokalbahnbetriebe aus der Periode zwischen 1868 und 1944. Die dampf- oder dieselbetriebenen Garnituren verkehren vom Bahnhof Mariazell zum See von Pfingsten bis 26. Okt. Sa., So. und feiertags stündlich 10.07–17.07 Uhr. Rückfahrt stündlich 10.38–16.38 Uhr ab Erlaufsee.

Karte: F&B WK 031.

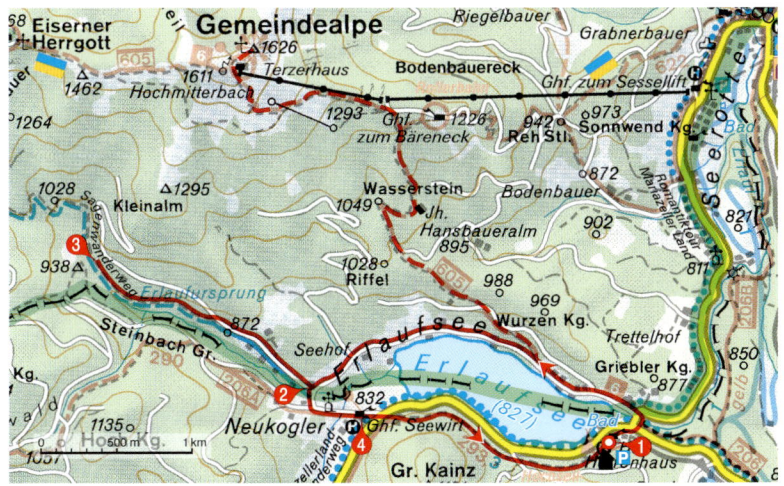

Die Gemeindealpe vom Südufer des Erlaufsees beim Restaurant Herrenhaus.

Vom **Parkplatz Herrenhaus (1)** die Straße 150 m Richtung Mariazell zum Linksabzweig der Straße nach Mitterbach bald nach dem Restaurant Herrenhaus. Auf ihr über den Seeabfluss (Erlauf) zu einer Verzweigung. Links die asphaltierte Norduferpromenade (Straße) westwärts über eine Wiesenfläche wieder zum Seeufer, das beim SC Landhaus Erlaufsee erreicht wird. Weiter die für den Autoverkehr gesperrte Promenade am größtenteils unverbauten Ufer entlang, später auf Naturfahrweg am

Tiefblick von der Gemeindealpe zum Erlaufsee, dahinter die Veitsch.

rechten Rand der Uferwiesen westwärts eben fort zur Verzweigung bei der Erlaufbrücke und dem barocken **Lindenhof (2)** mit Fischereibetrieb. Geradeaus auf einem Naturfahrweg an der rechten Seite des inneren Erlauftales meist durch Wald nach Nordwesten bergauf zu einem Haus und weiter zu einer Verzweigung. Hier halb links (Tafel) und auf breitem Fußweg im Wald aufwärts zum **Erlauf-Ursprung (3)**, einem trockenen Bachbett mit Karsthöhle, Siphon und temporärer »Überfallquelle«.

Zurück zur Verzweigung beim **Lindenhof (2)**. Dort den Fahrweg nach rechts über die junge Erlauf und jenseits über die ebenen Wiesen am Westende des Erlaufsees (Hof Neukogler) nach Südosten zur **Straße (4)** von Mariazell zum Zellerrain, die gequert wird. Jenseits auf dem rot markierten Süduferweg, einem Teilstück des »Mariazeller Rundwanderwegs«, an den Waldhängen oberhalb von See und Straße zurück zum Ausgangspunkt am **Parkplatz Herrenhaus (1)**.

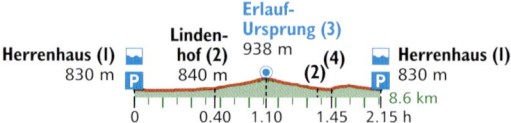

Gemeindealpe und Ötschergräben

17

Grenzenlose Weite und beklemmende Enge ★★★

Mit dem Sessellift auf die Gemeindealpe und durch den Ötscher-canyon nach Wienerbruck

Ötschergräben und Tormäuer gehören zu den großartigsten Schluchtsyste-men der österreichischen Alpen, ein gewundener Canyon von fast 25 Kilo-metern Länge rings um den Fujiyama Niederösterreichs, den 1893 Meter hohen Ötscher. Seine Durchwanderung ist deshalb ein unbedingtes Muss bei Wassertouren-Liebhabern. Wer von oben her, das heißt von der Gemein-dealpe, in das Schluchtenlabyrinth hineingeht, hat zweierlei Trümpfe, einer-seits das spektakuläre Gipfelpanorama, andererseits die Genusswanderung durch die klammartige Talenge über dem Ötscherbach, am Schleier-, Mira-und Lassingfall vorbei. Sie gehören zu den bekanntesten Wasserfällen Niederösterreichs. Nach längeren Regenfällen, vor allem zur Zeit der Schnee-schmelze, hinterlassen die zu Tal tosenden Wassermassen einen unver-gesslichen Eindruck. Vom Zielort Wienerbruck bringt einen die Mariazeller-bahn schließlich ganz bequem zurück zum Ausgangsort Mitterbach.

KURZINFO

Ausgangspunkt: Talstation, 804 m, (Großparkplatz) des zweiteiligen Ge-meindealpen-Sessellifts (Vierersessellift »Bodenbauerexpress«, Zweiersessellift »Gipfelbahn«), 600 m südwestlich vom Ortszentrum Mitterbach, 789 m, an der Straße zum Erlaufsee. Mittelstation, 1297 m, am der Schulter »Bodenbauer-eck«, Bergstation, 1623 m, am Gipfel-plateau der Gemeindealpe. Betrieb (nur bei Schönwetter!) 20. Juni bis 20. Sept. tägl. 9–17 Uhr, 1. bis 19. Juni Do.–So. und feiertags, 21. Sept. bis 25. Okt. Fr.–So., danach bis 2. Nov. (Herbstferien) tägl. Info: Bergbahnen Mitterbach, See-straße 28, 3224 Mitterbach, Tel +43 (0)3882 41720.

Endpunkt: Wienerbruck, Naturpark-zentrum Ötscher-Basis, 795 m, Rück-fahrt mehrmals täglich nach Mitterbach mit der Mariazellerbahn, Infos: www.noevog.at oder www.mariazellerbahn.at.

Gehzeit: 5.45 Std.

Höhenunterschied: 220 m im An-stieg, 1050 m im Abstieg.

Anforderungen: Lange, anspruchs-

volle Tour für trittsichere Geher.

Kinder: Vorsicht mit Kindern in den Öt-schergräben (exponierte Passagen!).

Einkehr: Terzerhaus auf der Gemeinde-alpe (mit dem Gemeindealpenlift geöff-net, 37 L., Tel. +43 (0)699 12043852, www.terzerhaus.at); Jst. Brunnsteiner Halterhütte »Auf der Brach« beim Eiser-nen Herrgott (12 B., bew. 5./10. Juni bis 15. Sept., Mi. Ruhetag, Tel. +43 (0)664 4448929); Schutzhaus Vorderötscher (20 B., 19 L., 1. Juni bis 26. Okt. geöff-net, bis 31. August tägl., sonst Mo. Ru-hetag, Voranmeldung, Tel. +43 (0)2728 21100, www.vorderoetscher.info); Jau-senstation »Ötscherhias« (1. Mai bis 26. Okt. tägl. 9–17 Uhr geöffnet); Res-taurant im Naturparkzentrum Ötscher-Basis in Wienerbruck (1. Mai bis 26. Okt. 8–20 Uhr geöffnet).

Bademöglichkeit: Erlaufsee bei Mit-terbach sowie Lassing-Stausee (neuer Badestrand) in Wienerbruck, außerdem das solarbeheizte Freibad in Mitterbach.

Bootsverleih: Verleih von Tret-, Elektro-und Ruderbooten am Ostende des Erlauf-sees beim Herrenhaus (9–19 Uhr).

Hinweis: Nach langen Regenfällen (Hochwasser) ist von der Tour abzuraten.

Karte: F&B WK 031.

Das Gipfelkreuz auf der Gemeinde-alpe.

Der stellenweise exponierte Weg durch die Ötscherbach-Schlucht.

Von **Mitterbach (1)** mit dem Gemeindealpen-Sessellift hinauf zur **Bergstation (2)** und über den latschenbewachsenen Rücken nordwärts zum Gipfel der **Gemeindealpe (3)** mit schöner Rundsicht und dem Terzerhaus.

Zurück zur **Bergstation (2)** und dort rechts auf Weg Nr. 605 den steilen Westrücken abwärts, dann eben in einen Sattel, 1430 m, und jenseits empor zur Anhöhe beim **Eisernen Herrgott (4)** mit Jausenstation »Auf der Brach«. Rechts ab und auf dem rot bezeichneten Steig Nr. 7 kurz nach Norden empor zur Kammhöhe (Ötscherblick!). Jenseits über eine Wiese nach links hinab an die Hangrippe Geißriedel. Dort bald im lichten Wald bergab, später entlang des Abbruchs (Vorsicht!) gegen den Brunnboden in Kehren steil hinunter, schließlich in langer Hangquerung nach links (Westen) in den Greimelgraben. Über den Bach und jenseits auf schönem Hangsteig (Wasserleitung) nordwärts zur »Ötscherstraße«, die traversiert wird. Jenseits kurz über einen Waldrücken bergab, dann, einen Graben querend, nach links zur Wiese beim **Schutzhaus Vorderötscher (5)**.

Den rot bezeichneten Weg Nr. 7 nach Norden hinab in den Wald und dort nach rechts zum Greimelbach. Anfangs links, dann an den Waldhängen rechts vom Bach hinab in die Hinteren Ötschergräben und über den Ötscherbach (»Greimelsteg«, 752 m) zum Schluchtweg Nr. 206B, 277 und 622 am Nordufer. Auf diesem kurz nach links zu dem über eine 50 m hohe Felswand herabstürzenden **Schleierfall (6)**, wo Bänke zum Verweilen einladen.

Zurück zum »Greimelsteg« und nun geradeaus auf dem gelb und rot markierten, teils exponiertem Weg (keine Sicherungen, Vorsicht!), oberhalb des Ötscherbachs durch eine klammartige Verengung, später durch den zahmeren mittleren Schluchtabschnitt zur Verzweigung an der Mündung des Moissengrabens. An Schrofenhängen (Stege, aus dem Fels gesprengter Steig) geradeaus unter den 80 m hohen **Mirafall (7)**. An der Mündung des Jodlgrabens vorbei, später am Fuß der Schusterwand zu einer Verzweigung. Über eine Holzbrücke nach rechts an das Südufer des Ötscherbachs und dort zur **Jausenstation Ötscherhias (8)**, die an einer bewaldeten Felsflanke direkt über dem rauschenden Bach postiert ist.

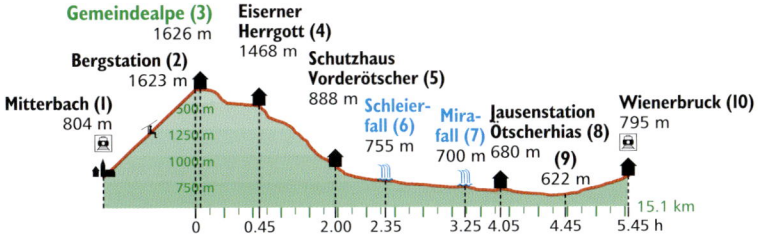

71

Zurück zur Verzweigung jenseits des Ötscherbachs und auf Weg Nr. 277 und 622 (Holzstege) rechts haltend durch die Vorderen Ötschergräben talaus, später über eine Doppelbrücke, 656 m (Felsblock-Träger im Bachbett), an das rechte Ufer. An steilen Hängen entlang weiter, dann wieder über den Bach nach links und dort bergab zur Vereinigung von Erlauf und Ötscherbach. Auf breitem Weg geradeaus zur Verzweigung am **Stierwaschboden (9)**. Nach rechts über die Erlauf zum Kraftwerk Wienerbruck der EVN (Energieversorgung Niederösterreich). Am Gebäude entlang nach links, dann nach rechts und auf bezeichnetem Weg die steile Felsschlucht gegenüber dem Lassingfall durch vier kleine Tunnels hoch zu einer Aussichtskanzel mit Blick zu den Kaskaden des imposanten Falls. Bald danach geht es über den Lassingbach (Brücke) an die linke Schluchtseite. Unterm Kienbachfall entlang bergauf, dann wieder an die rechte Talseite und dort über der Lassingklamm aufwärts und eben zur Staumauer. Ohne die Mauer zu überschreiten die Straße rechts haltend, am Lassing-Stausee entlang, eben bis nach Wienerbruck und dort zu dem 2015 eröffneten Naturparkzentrum Ötscher-Basis (Restaurant, Verkauf regionaler Produkte, Kletterpark) im westlichen Ortsbereich, am Ufer des Lassing-Stausees. Auf der Straße nach links, am Parkplatz vorbei, zur Bahnhaltestelle in **Wienerbruck (10)**.

Rechts: In den Hinteren Ötschergräben mit Blick zur Schusterwand.
Unten: Die Brunnsteiner Halterhütte »Auf der Brach« am »Eisernen Herrgott« mit dem Dürrenstein in der Ferne.

18 ▶ Um den Lunzer See

Zum Schloss Seehof und am Nordufer zurück ★

Mußestunden am größten natürlichen Bergsee Niederösterreichs

Er ist neben dem Erlaufsee der bekannteste Gebirgssee Ostösterreichs und als solcher ein begehrtes Ziel von Naturliebhabern, Ausflüglern und Badegästen. In unmittelbarer Nähe des namensgebenden Markts gelegen, ist er der unterste und größte der drei Seetalseen an der Nordseite des Dürrenstein, was auch seine zweite Bezeichnung »Untersee« erklärt. Wir besuchen und umwandern ihn auf reizvoller Ufer-Promenade, wobei Gastbetriebe am West- und Ostende zur Einkehr und Rast einladen.

KURZINFO

Ausgangspunkt: Kirchenplatz in Lunz am See, 601 m, Markt und Fremdenverkehrsort im Ybbstal. Bushalt. Parkplätze nördlich der Kirche.
Gehzeit: 2 Std.
Höhenunterschied: 50 m.
Anforderungen: Einfache Rundwanderung ohne großen Höhenunterschied auf bequemen Fahr- und Fußwegen.
Kinder: Problemlose Runde für Kinder, am West- und Ostende des Sees Einkehrmöglichkeiten. Nahe des Restaurants Seeterrasse am Westufer besteht im Lunzer Seebad Bademöglichkeit, dazu gibt es einen Bootsverleih (siehe unten).
Einkehr: Gastbetriebe im Ortsbereich Lunz am See; Restaurant Seeterrasse am Westufer (15./20. März bis 26. Okt. tägl. ab 10 Uhr geöffnet, Tel. +43 (0)7486 8303, www.seeterrasse.at); Schlosstaverne (ganzj. geöffnet, Okt. bis März Mo. und Di. Ruhetag, Tel. +43 (0)7486

20276).
Bademöglichkeit: Zum Baden laden das kleine Seebachbad sowie das Lunzer Seebad am Nordwestufer des Sees ein. Ferner gibt es reizvolle Naturbadeplätze am Südufer.
Bootsverleih: Tret- und Segelboote sowie Fahrräder am Westende des Lunzer Sees. Außerdem werden Bootsrundfahrten veranstaltet.
Variante: Vom Schloss Seehof kann die Wanderung durch das Seetal bis zum wunderschönen Obersee und zur Herrenalm fortgesetzt werden.
Hinweis: An warmen Sommerwochenenden herrscht an den Ufern des Lunzer Sees großer Andrang.
Tipp: Zu den Höhepunkten des Lunzer Sommers gehört die jährliche Narzissenblüte von Mitte Mai bis Anfang Juni, wenn Tausende Narzissenblüten das Grün der Wiesen beim See und nahe des Ortes in strahlendes Weiß verwandeln.
Karte: F&B WK 031.

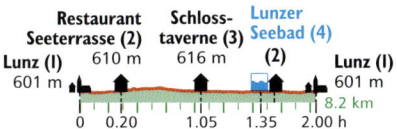

Am Westufer des Lunzer Sees beim Restaurant Seeterrasse.

Vom Kirchenplatz in **Lunz (1)** nach Süden hinab zur St.-Johannes-Brücke über die Ybbs und jenseits durch die St.-Johannes-Straße zum Querweg am Fuß des Seekopfs. Auf ihm (»Seepromenade«, Weg Nr. 2 und 06) nach links zum Zusammenfluss von Ybbs und Seebach. Nicht über die Brücke, sondern rechts vom Seebach auf der Promenade in Südostrichtung weiter zum Seebachbad. Weiter auf dem Fahrweg durch Wiesen zum Westende des Lunzer Sees mit Eisdiele, Bar und Souvenirladen sowie dem **Restaurant Seeterrasse (2)**.

Die Asphaltstraße am rechten (südlichen) Seeufer nach Südosten aufwärts zur Schranke beim Wasser-Cluster Lunz (Biologische Station der Uni Wien, Hochschule für Bodenkultur und Donau-Universität Krems). Auf der Dr.-Carl-Kupelwieser-Promenade geradeaus in den Wald zu einer Verzweigung. Links auf Fußweg (Seeuferweg 1, auch »Prof.-Franz-Ruttner-Weg«) in Keh-

ren bergab zum Ufer und dort, an einer Quellfassung und einem kleinen Naturbadeplatz vorbei, zum östlichen Seeende. Durch Wiesen und das Augelände an der Mündung des Seetals über den Seebach, danach, an einer Forellenzucht vorbei, zu querender Asphaltstraße und zur Biologischen Station. Dort die querende Asphaltstraße kurz nach rechts zum Schloss Seehof mit der **Schlosstaverne (3)**.

Für den Rückweg der Straße 150 m zum Parkplatz »Seehof« (Bushalt) folgen und entlang der Straße, am Seeufer in westlicher Richtung weiter zum **Lunzer Seebad (4)** und zum Westende des Sees. Nach links über den Seebach zum **Restaurant Seeterrasse (2)** und auf bekanntem Weg nach **Lunz (1)**.

19 ▶ Zu den Seetalseen: Mittersee und Obersee

Vom Schloss Seehof durch das Seetal ★★

Zwei versteckte Seeaugen am Dürrenstein

Von den drei Seetalseen am Dürrenstein ist der Lunzer See der größte und bekannteste, der Obersee der entlegenste und attraktivste. In dieses von jeglicher Übererschließung unangetastete Seenjuwel mit seiner schwimmenden Insel und dem zauberhaftem Lärchenbewuchs ringsum kann man sich nur verlieben. Daneben wird der etwas weniger spektakuläre Mittersee leicht übersehen. Wer die Wanderung bis zur sommers bewirtschafteten Herrenalm oder gar zum Dürrenstein-Gipfel fortsetzt, hat ein volles Tagesprogramm, das an Durchhaltevermögen und Ausdauer einige Anforderungen stellt.

KURZINFO

Ausgangspunkt: Parkplatz »Seehof«, 618 m (Bushalt), am Ostufer des Lunzer Sees, an der Mündung des Seetales. Zufahrt von Lunz, 601 m, auf Asphaltstraße, 3,5 km.

Gehzeit: 4.15 Std.

Höhenunterschied: 500 m.

Anforderungen: Einfache, aber lange Wanderung auf markierten Fahr- und Fußwegen.

Kinder: Wegen des langen und etwas einförmigen Anstiegs entlang der Seetalstraße ist diese Tour in Begleitung von Kindern nur eingeschränkt zu empfehlen.

Einkehr: Gastbetriebe im Ortsbereich von Lunz am See; Schlosstaverne (ganzj. geöffnet, Okt. bis März Mo. und Di. Ruhetag, Tel. +43 (0)7486 20276); Jausenstation Herrenalm am Dürrenstein (siehe Variante).

Bademöglichkeit: An den Seen an der Route – Lunzer See, Mittersee, Obersee – besteht, sofern man mit den kühlen Wassertemperaturen zurechtkommt,

Bademöglichkeit. Zum Baden lädt aber auch das Seebad am Westende des Lunzer Sees ein.

Bootsverleih: Tret- und Segelboote sowie Fahrräder können am Westende des Lunzer Sees gemietet werden. Darüber hinaus werden auch Bootsrundfahrten veranstaltet.

Gipfelmöglichkeit: Vom Obersee kann der Gipfel des Dürrenstein, 1878 m (schöne Rundsicht!), von ausdauernden Gehern auf markiertem Weg unschwierig bestiegen werden. Gesamter zusätzlicher Zeitaufwand: 4.30 Std. Nebelfreies Wetter und Ausdauer sind für diese Höhenwanderung allerdings Voraussetzung.

Variante: Vom Obersee aus im Sommer in ungefähr 1 Std. auf markiertem Fußweg am Nordostrücken des Dürrenstein zur Herrenalm, 1327 m (20 Matratzenlager, 10./15. Juni bis 15. Sept. bewirtschaftet, Tel. +43 (0)664 73828860, Franz Pöchacker).

Hinweis: Die Tour lässt sich gut mit Tour 18 kombinieren (Start in Lunz, 2 Std. länger).

Karte: F&B WK 031.

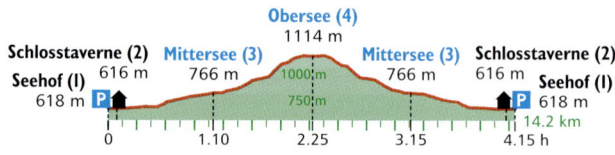

Vom Parkplatz **Seehof (1)** die Asphaltstraße in Südrichtung 150 m zum Schloss Seehof mit der **Schlosstaverne (2)**. Auf einer Naturstraße (Weg Nr. 2) geradeaus in das von steilen Felsflanken begleitete Seetal. Dort zunächst über ebene Wiesen talein, später durch Wald, teils in Kehren empor zum 330 m langen und 50 m breiten **Mittersee (3)**.

Die Forststraße weiter zur Verengung der »Klause«. Über einen Steilaufschwung und oberhalb des 60 m hohen Ludwigfalls entlang, danach an der kleinen Höhle »Brüllender Stier« (ein hörbarer unterirdischer Wasserfall) vorbei in Windungen nach Süden empor in den Talkessel beim Obersee und dort zu einer Verzweigung (Linksabzweigung des markierten Fußwegs zur Herrenalm und auf den Dürrenstein). Die Straße rechts haltend zum Nordufer des 14 ha großen und bis 15 m tiefen **Obersees (4)** mit schwimmender Insel.

Abstieg auf demselben Weg.

Der traumhaft schöne Obersee im Dürrensteingebiet.

20 ▶ # Erlebniswelt Mendlingtal

Durch die Klamm zur Jausenstation Herrenhaus ★★★

Zur letzten funktionstüchtigen Holztriftanlage Mitteleuropas

Das kleine Kirchendorf Lassing am Startpunkt der Hochkar-Alpenstraße besitzt in der Erlebniswelt Mendlingtal den letzten intakten Triftweg der Ostalpen, der einmalig in ganz Mitteleuropa ist. Die Anlage demonstriert den für die Eisenerzeugung notwendigen Holztransport aus schwer zugänglichen Gebieten und macht deutlich, mit welchen Mühen und Gefahren früher die Holzknechte zu kämpfen hatten. Ausgestattet mit Stegen, Brücken, wasserbetriebener Schaumühle, Venezianer Brettersäge, Schmiedegesellenhaus, Brotbackhaus und einladender Gaststätte ist die Erlebniswelt ideal für Leute, die auf der Suche nach altem Kulturgut dem bequemen Schauwandern huldigen möchten.

KURZINFO

Ausgangspunkt: Lassing, 684 m, Dorf an der B 25, 9 km von Göstling, 500 m südlich der Mautstelle zur Hochkar-Alpenstraße. Parkplatz, 680 m, westlich unterhalb des Gasthofs Farnberger.
Gehzeit: 3.15 Std., mit Besichtigungen auch länger.
Höhenunterschied: 170 m.
Anforderungen: Bequeme Wanderung auf breiten Wegen, über Holzstege und -brücken.
Kinder: Nicht allzu lang und ohne größere Höhenunterschiede mit zahlreichen Schauobjekten und Einkehr am entferntesten Punkt – eine ideale Kindertour!

Einkehr: Hotel Farnberger (40 B., ganzj. geöffnet, www.hotel-fahrnberger.at); Alpenhotel Ensmann (44 B., ganzjährig geöffnet, Mo. und Di. Ruhetag, www.alpenhotel-ensmann.at), beide Hotels in Lassing; Jausenstation Herrenhaus Mendlingtal (1. Mai bis 31. Okt. tägl. geöffnet, http://herrenhaus-mendlingtal.at); Gasthof »Zum Hammer« (siehe Variante, 16 B., ganzjährig geöffnet, Mo. und Di. Ruhetag, Tel. +43 (0)7484 7229, http://hammerwirt.at).
Bademöglichkeit: Besuch des Ybbstaler Solebads in Göstling. Im Lassinger Dorfteich besteht Bademöglichkeit. An heißen Sommertagen können Kinder auch in die kühlen Fluten des Mendlingbachs eintauchen.
Variante: Mit Übergang über den Sattel »Eisenwiesen« zum Gasthof »Zum Hammer« und Rückkehr teilweise auf Asphaltstraßen kann das Unternehmen zu einer tagfüllenden Runde erweitert werden. Gesamter Zeitaufwand: 4 Std. ohne, 5.30 Std. mit Besichtigungen.
Hinweis: Die Erlebniswelt Mendlingtal ist zwischen 1. Mai und 31. Okt. tägl. 9–17 Uhr geöffnet. Schauführungen gibt es jeden 1. So. und 3. Sa. im Monat jeweils um 13.30 Uhr, https://erlebniswelt-mendlingtal.at. Eintritt: Erwachsene 8 €, Kinder bis 15 Jahre 3 €, Pensionisten 7 €, Familien 19 €.
Karte: F&B WK 051.

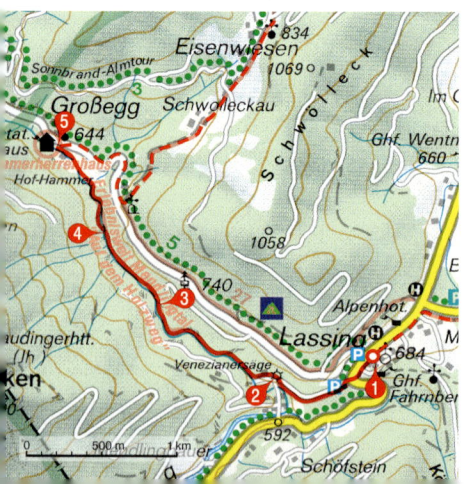

Die Venezianer Brettersäge nahe dem Schmiedegesellenhaus.

Vom Parkplatz in **Lassing (1)**, den Hinweistafeln zur Erlebniswelt Mendlingtal folgend, auf breitem Weg über Wiesen, rechts am Dorfteich vorbei und, die B 25 kreuzend, nach Südwesten hinab in den Wald und dort an den Hängen weiter abwärts. Später um eine Ecke nach rechts herum zum »Buchsteinblick«, schließlich über Stiegen hinab zum Eingang in die **Erlebniswelt Mendlingtal (2)**, Mautstelle, am tiefsten Punkt der Wanderung. Hier befand sich der Zerrenhammer, der letzte der 13 Hammerwerke (»Hammer«) des oberen Ybbstales, in dem das am steirischen Erzberg abgebaute Eisenerz mit Hilfe von Holz(kohle) und Wasserkraft verarbeitet wurde. Sehenswert sind das Museum Schmiedegesellenhaus (Darstellung des Holzverarbeitungsvorgangs mit Köhlerei, Händlern, Fuhrleuten, Mauteintreibern, Rauchkuchl usw.) und die Venezianer Brettersäge von 1907.

Die Klamm auf Holzstegen und -brücken links vom Mendlingbach neben dem Nutzwasserkanal (»Ländkanal«) talein zur Rechenanlage (Abfangen der Holzstämme), dann rechts vom Bach vorerst an der Roten Mauer (herausgesprengtes Wegstück) entlang, schließlich auf

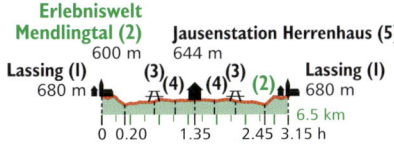

79

Holzstegen an der Sauprügelmauer entlang. Durch ein Augebiet (»In der Au«) an der Langen Mauer weiter bis zum **Rastplatz Klaushütte (3)**, einem ehemaligen Holzknecht-Unterstand, wo heute Sitzbänke zur Rast stehen.

Am rechten Flussufer auf Stegen an den Felswänden weiter, später, das Ufer mehrmals wechselnd, zur Steinkastenklause (Staumauer). Rechts am Stausee entlang, dann an den Waldhängen (»Klauswurzel«) in die Große Klamm. Auf Holzstegen durch die Enge zum »Hochkarblick«, schließlich an die linke Bachseite und dort zur Grosseggerquelle links oberhalb des Klammwegs. Über den Quellbach zur **Grossegger Mühle (4)**, einer Schaumühle, die 1864 als Getreidemühle errichtet wurde und von 1874 bis 1916 im Besitz von Baron Rothschild war. Durch den Waldgraben weiter zur Rechtsabzweigung gegen die nahen Herrenhaus-Fischteiche (von den Hammerherren um 1770 errichtet) und geradeaus nach Hof, die ehemalige Holzfällersiedlung, mit **Jausenstation Herrenhaus (5)**, Kinderspielplatz, Brotbackstube, Brotladen und Kapelle.

Auf demselben Weg zurück nach **Lassing (1)**.

Links: Holztriftanlage und Nutzwasserkanal am Beginn des Mendlingtal-Schauwegs.
Unten: Die Grossegger Mühle gegen Ende der Mendlingtal-Schauwanderung.

21 ▶ Palfauer Wasserloch

Die größte wasserführende Höhle der Steiermark ★★

Ein Naturwunder an den Abhängen des Hochkar

Zu den bedeutendsten Sehenswürdigkeiten des Salzatales gehört das Palfauer Wasserloch an der Südseite des Hochkars, eine der größten Karstquellen der Steiermark mit bis zu 5 m³ Schüttung pro Sekunde. Eine 65 Meter lange Stahlseilhängebrücke bringt uns, 20 Meter über den Fluten der Salza, zum Einstieg in die steile Hochkar-Flanke. Durch Drahtseile und Holztreppen gut abgesichert, führt der Zubringerweg, an fünf stäubenden Wasserfällen vorbei, abwechslungsreich durch eine wilde, durchspülte Schlucht zu der Stelle empor, an welcher der Bach durch einen engen Felsspalt mit vorgelagertem Torbogen – Rest einer eingestürzten Höhle – ans Tageslicht tritt und in die Tiefe stürzt.

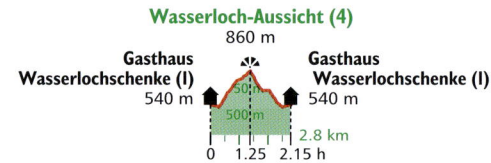

Wasserloch-Aussicht (4)
860 m
Gasthaus
Wasserlochschenke (I)
540 m
Gasthaus
Wasserlochschenke (I)
540 m
500 m
2.8 km
0   1.25   2.15 h

KURZINFO

Ausgangspunkt: Gasthaus »Wasserlochschenke«, 540 m (Bushalt, Großparkplatz), an der B 24 im Salzatal östlich von Palfau, 9 km von Göstling, 10,5 km von Lassing, 5 km von Palfau, 11 km von Wildalpen.
Gehzeit: 2.15 Std.
Höhenunterschied: 370 m.
Anforderungen: Kurze, einfache Wanderung über Holzstege und Treppen durch steiles Felsgelände. Trittsicherheit nötig. Nur bei trockenem Wetter!
Kinder: Der Besuch des Palfauer Was-

serlochs ist wegen der Kürze des Unternehmens und den gebotenen Impressionen mit Kindern sehr zu empfehlen, aber bitte Vorsicht im steilen Felsgelände!
Einkehr: Gasthaus »Wasserlochschenke« (keine Nächtigung, tägl. ab 9 Uhr vom 10./15. Mai bis 10./15. Okt., bei Schönwetter auch länger geöffnet, kein Ruhetag, Tel. +43 3638 322, https://wasserlochschenke.at).
Bademöglichkeit: An heißen Sommertagen bereitet ein Bad im klaren Wasser der Salza reinen Hochgenuss, wegen der zum Teil starken Strömung ist aber Vorsicht geboten.
Variante: Für den Abstieg kann man etwas länger und weniger attraktiv auch den vor dem Wasserloch abzweigenden Steig über den »Jägerriedel« wählen. 15 Min. zusätzlicher Zeitaufwand.
Hinweis: Das Wasserloch ist vom 1./5. April bis 31. Okt. ab 9 Uhr, im Juli und August ab 8 Uhr zugänglich, Tel. +43 (0)3633 220151, https://wasserloch-klamm.at.
Karte: F&B WK 051.

Der »Wasservorhang« am Weg zum Palfauer Wasserloch.

Vom **Gasthaus »Wasserlochschenke« (1)** den rot markierten Weg Nr. 55 auf der 65 m langen und 22 m hohen Fußgänger-Hängebrücke über die glasklare, türkisgrüne Salza zur Mautstelle (Eintrittsgebühr!) am jenseitigen Ufer. Dort den teils aus dem Fels gehauenen Steig im lichten Wald nach links hinab zur Weggabelung am **Salza-Ufer (2)** mit Freibadeplatz. Eine steile Wiese in Kehren nach rechts (Norden) hinauf zu einer Schulter. Jenseits durch Wald bergab in die von senkrechten Wänden flankierte, wildromantische Wasserlochklamm und dort über den Bach (Brücke). Den Bach mehrmals über Holzstege und -treppen querend, an fünf großen Wasserfällen vorbei (darunter ein regelrechter »Wasservorhang«), durch die Schlucht in Kehren hinauf, später etwas abseits des Baches im steilen Waldgelände empor zur Linksabzweigung des **Jägerriedel-Steigs (3)**, wo auch Abstiegsmöglichkeit besteht (siehe Variante). Kurz nach rechts hinauf zu kleiner, stets geöffneter Unterstandshütte (Info-Tafeln, Tische und Bänke) am Rand des Wasserlochs. Über eine Treppe nach rechts aufwärts in eine Scharte direkt über dem Felsenfenster des Lochs. Den Treppenweg über die natürliche Felsbrücke zur **Wasserloch-Aussicht (4)**. Imponierender Einblick in den Wasserloch-Canyon und Tiefblick in das Salzatal mit dem Hochschwabmassiv darüber.
Abstieg entlang der Anstiegsroute.

22 ▶ Türnsee, 1230 m

Anstieg von Rotmoos auf unmarkierten Wegen ★★

Tiefgrünes Seeauge in totaler Bergeinsamkeit

Mit dem Teufelsee im Hochschwabgebiet und dem Obersee am Dürrenstein gehört der Türnsee zu den wenigen hochalpinen Bergseen des Gebiets. Der fehlenden Hinweistafeln und Markierungen wegen verirren sich nur selten Wanderer dorthin und wenn, dann solche, die den entlegenen Hochtürnach anpeilen, der im Anschluss an den Seebesuch noch mitgenommen werden kann. Umgeben von reichlich Vegetation, überragt von Felswänden und steilen Geröllflanken ist das tiefgrüne Auge ein Ausflugsziel der Sonderklasse, dessen Besuch ein ganzer Tourentag wert ist.

K U R Z I N F O

Ausgangspunkt: Rotmoos, 690 m (Bushalt, Parkmöglichkeit), Rotte am Nordrand des gleichnamigen Wiesenbodens (Hochmoor) im unteren Radmertal, ein Seitental der Salza, 2,5 km von Weichselboden, 8 km von Greith, 18 km von Gußwerk.

Gehzeit: 3 Std.

Höhenunterschied: 540 m.

Anforderungen: Einfacher Anstieg auf unmarkiertem, aber meist gut erkennbarem Steig. Orientierungsvermögen nötig!

Kinder: Ein Besuch des Türnsees lohnt auch mit Kindern, die an seinen Ufern vielfältige Beschäftigungsmöglichkeiten finden.

Einkehr: Keine.

Bademöglichkeit: Abgehärteten sei ein erfrischendes Bad im glasklaren Wasser des Türnsees ans Herz gelegt.

Gipfelmöglichkeit: Bei entsprechenden Zeitreserven können Ausdauernde vom Türnsee weg auch noch den aussichtsreichen Hochtürnach, 1770 m (Steigspuren, Steinmänner-Markierung), besteigen. Zusätzlicher Zeitaufwand: 3.30 Std., gesamte Anstiegsleistung: 1100 m. Gutes Orientierungsvermögen, Trittsicherheit und Schwindelfreiheit notwendig.

Karte: F&B WK 041.

Der in einer Karmulde an der Nordseite des Hochtürnach gelegene Türnsee.

Von **Rotmoos (1)** auf Naturstraße (Fahrverbot) über die riesige Gras- und Moorfläche »Rotmoos« eben nach Südwesten, dann leicht bergauf in den Wald (Schranke) und dort, an einem Holzmarterl vorbei, zur Teilung. Die Straße links neben einem Zaun nach Südwesten aufwärts zur Linksabzweigung des mit Steinmännern bezeichneten Steigs Richtung Hochtürnach (Tafel). Auf ihm gegen den schluchtartigen Türnseegraben aufwärts, dann über das Schotterbett eines Bachs in die rechte (westseitige) Grabenflanke hinein. Dort durch Wald in Kehren steil nach Südwesten empor zu querender Forststraße und diese sanft bergauf zu einem **Wendeplatz (2)** am Straßenende (Quelle). Am Beginn des Platzes bei dem Steinmann rechts von der Straße ab und auf dem Steig durch Gesträuch in Kehren steil nach Westen hoch, dann in langer Querung nach links (Süden) in die Sohle des Türnseegrabens. Dort empor zur Talverflachung (Sattel) vor dem Türnsee mit Verzweigung (rechts ab auf den Hochtürnach). Jenseits kurz durch Gestrüpp bergab zu dem von Wänden flankierten tiefgrünen **Türnsee (3)**, einem unberührten, kaum bekannten Juwel der Mariazeller Berge!
Abstieg entlang der Anstiegsroute.

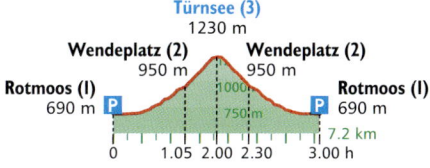

Türnsee (3)
1230 m
Wendeplatz (2)   Wendeplatz (2)
950 m   950 m
Rotmoos (I)   Rotmoos (I)
690 m P   P 690 m
1000
750   7.2 km
0   1.05 2.00 2.30   3.00 h

23 ▶ Klausgraben

Der Schluchtweg von Greith nach Weichselboden ★★

Auf »Indianerpfaden« durch die große Talenge der Salza

Über die Steiganlage durch die Salzaschlucht zwischen Greith und Weichselboden wissen nicht allzu viele Bescheid, was seine Gründe hat. Man darf keinen sensationellen Klettersteig erwarten, hier rechtfertigt in erster Linie der landschaftliche Aspekt, die Großartigkeit der Talenge und der Klamm den Besuch. Auf schmalen Pfaden an der steilen Schluchtflanke entlang, ist es ein luftiges Gehen über den grünen Fluten der Salza, jenem über Österreichs Grenzen hinaus bekannten Eldorado des Wildwassersports. Dass sich das Unternehmen nur Trittfeste und die auch nur bei trockenem Wetter zutrauen dürfen, sei betont!

KURZINFO

Ausgangspunkt: Greith, 737 m, Weiler an der B24 mit Gasthof im Salzatal zwischen Gußwerk, 10 km, und Weichselboden, 10 km. Parkplatz und Bushalt.
Endpunkt: Weichselboden, Rückfahrt nach Greith per Autostop, Rufbus oder mit dem Ruftaxi 198 (Tel. +43 (0)664 4837688, spätestens 1.30 Std. vorher anrufen!).
Gehzeit: 3 Std.
Höhenunterschied: 250 m im Anstieg, 300 m im Abstieg.
Anforderungen: Anspruchsvolle Wanderung. Zwar nicht markierter, doch gut beschilderter, stellenweise durch Drahtseile geländerartig abgesicherter Steig mit zahlreichen exponierten Passagen. Trittsicherheit, Schwindelfreiheit und trockenes Wetter erforderlich. Für weniger Geübte und Kinder wird an den gesi-

cherten Stellen die Verwendung eines Klettersteig-Sets empfohlen.
Kinder: Nur wirklich geübten, trittsicheren und schwindelfreien größeren Kindern und Jugendlichen zu empfehlen.
Einkehr: Gasthof Leitner in Greith (17 B., im Nov. geschlossen, sonst immer geöffnet, Mo. und Di. Ruhetag, Tel. +43 (0)3885 203 und +43 (0)664 2033035). In Weichselboden keine Einkehr!
Bademöglichkeit: An heißen Sommertagen ist ein Bad im Wasser der Salza ein Hochgenuss. Wegen der zum Teil starken Strömung ist jedoch Vorsicht geboten.
Hinweis: In Ermangelung von Arbeitsplätzen ist das Salzatal, früher das »Tal der Holzknechte«, heute von der Abwanderung bedroht, was die längst geschlossenen Gasthäuser in Dürradmer und Weichselboden belegen.
Karte: F&B WK 041.

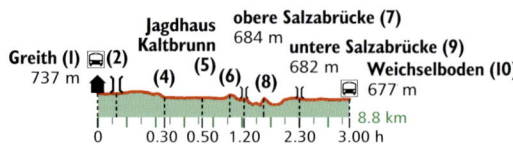

Der Schluchtsteig durch den Klausgraben führt oftmals an steilen Wald- und Grasflanken oberhalb der Salza entlang. Seine Begehung verlangt deshalb Trittfestigkeit, Schwindelfreiheit und trockene Verhältnisse.

Die untere Salzabrücke im Klausgraben.

Vom Gasthof Leitner in **Greith (1)** auf Asphaltstraße, an Häusern vorbei, eben nach Südwesten, später auf Naturstraße zu einem Gatter mit stets geöffneter Tür, danach zu einer Gabelung. Geradeaus im Wald sanft bergauf in den **Sattel (2)** zwischen Mehlknopf und Maißkogel mit weiterer Verzweigung. Rechts haltend eben fort zu dritter Teilung und dort halbrechts an den Waldhängen aufwärts zu einer großen ebenen **Wiese (3)** mit querender Forststraße. Auf ihr rechts haltend wieder in den Wald und dort (bei Teilung rechts!), an einer Quelle mit Bank vorbei, zu einem Wendeplatz und weiter zu einem Gatter mit Tür. Gleich danach auf einem Fußweg in steilen Kehren nach Süden hinunter zum Querweg am **Salza-Ufer (4)**. Auf ihm rechts haltend in schöner Wanderung zum **Jagdhaus Kaltbrunn (5)**, dort offener Regenunterstand mit Tischen und Bänken; Brunnen, Verkauf wassergekühlter Getränke; Kassa.

Auf Fahrweg oberhalb der Salza weiter, später abseits des Flusses im Wald bergauf zu weiter Rechtskurve mit Linksabzweigung des **Klausgrabenwegs (6)**. Diesen ein Stück eben nach Süden, dann auf einem Steig durch einen seichten Graben steil nach links gegen die Salza abwärts. Im Wald oberhalb des Flusses eben fort, dann hinab zum Ufer und dort zur **oberen Salzabrücke (7)**, Einbaum mit Geländer.

Jenseits durch die jetzt klammartige Talenge in teils exponierter Querung (Metallstege, Drahtseile) an der steilen Felswand dahin und hinab zum Fluss. Auf langem, aus dem Fels geschlagenem Steig (Drahtseil) in bewaldetes Terrain, danach auf einem Steig neben der Salza eben dahin, bis die Talsohle über eine 3 m hohe Leiter nach links aufwärts verlassen wird. An der felsig-bewaldeten steilen Flanke in Kehren hoch zu einer **Schulter (8)**. Jenseits, an einer Rohröffnung (Zugang zu einem Wasserstollen der II. Wiener Hochquellenwasserleitung) vorbei, bergab, später auf (präpariertem) Felsband zur **unteren Salzabrücke (9)**, einem Metallsteg mit Geländer, und über diese zu einer Bank (mit Tisch) am rechten Flussufer.

Auf gutem Fußweg an den steilen Waldhängen rechts oberhalb der Salza in stetem Auf und Ab dahin, später im Rechtsbogen in den sich weitenden Graben. Eine Schotterriese queren, dann durch Buschwerk zu einer Quelle und durch lichten Wald hinaus zu den ebenen Wiesenböden und ersten Häusern von Weichselboden, die bei querender Asphaltstraße (Holzkapelle) erreicht werden. Die Straße nach links in das Ortsgebiet und dort zum Feuerwehrhaus (gegenüber Brunnen mit wassergekühlten Getränken, Flaschenöffner, Trinkgläsern und Kassa, bestückt von der örtlichen Feuerwehr). Die Straße weiter zur Bushaltestelle im Ortskern von **Weichselboden (10)** nahe der Kirche und der B 24.

24 **Nothklamm und Kraushöhle**

Auf dem GeoPfad durch die Klamm

Felsattraktionen bei Gams/Hieflau

Die geologischen Besonderheiten der Region um Gams haben den Ort zum »Geodorf« im Naturpark Steirische Eisenwurzen gemacht. Als »Hit« gilt dort der 2003 geschaffene, 5 km lange GeoPfad mit 48 beschilderten Stationen. An ihm liegen die großartige Nothklamm mit dem Klammweg und die berühmte Kraushöhle, die größte Gipskristallhöhle Mitteleuropas und eine der ältesten Schauhöhlen Österreichs. Sie ist nicht wie die meisten anderen Höhlen von oben her durch kohlensäurehältiges Wasser entstanden, sondern durch Schwefelsäure. Dabei steigt schwefelwasserstoffhaltiges Tiefenwasser auf, das mit dem Sauerstoff nahe der Oberfläche zu ätzender Schwefelsäure oxidiert, die wiederum den Kalk in Gips verwandelt. Ein Besuch des am Klammeingang gelegenen Gamser Parkbads rundet den Tourentag ab. Das Badebecken wird von warmem schwefelhaltigem Wasser aus dem Klammbereich gespeist, zusätzlich aufgeheizt auf behagliche 26 °C.

KURZINFO

Ausgangspunkt: Parkplatz GeoWerkstatt, 535 m, im Gamsbachgraben. Straßenabzweigung von der B25 beim Feuerwehrhaus im nördlichen (unteren) Ortsbereich von Gams bei Hieflau, 539 m, 2 km vom Ortszentrum Gams, 1 km vom Feuerwehrhaus.

Gehzeit: 1.30 Std., mit Höhlenführung 2.30 Std.

Höhenunterschied: 180 m (ohne Besichtigung der Kraushöhle).

Anforderungen: Unschwierige Wanderung auf Holzstegen, Fahr- und Fußwegen. Bei Nässe abzuraten.

Kinder: Mit ihren zahlreichen Attraktionen (Klammweg, Höhlenbesuch, Bad) ist dies eine ideale Kindertour.

Einkehr: Buffet im Parkbad Gams (vom 1. Juni bis 30. Sept. unabhängig vom Badebetrieb tägl. geöffnet).

Bademöglichkeit: Das direkt am Wanderweg gelegene Parkbad Gams mit Spielgelände, Beach-Volleyball-Platz, schattigen Liegeplätzen und einer 40 Meter langen Wasserrutsche ist vom 1. Juni bis 30. Sept. geöffnet. Wassertemperatur: 24 bis 26 °C!

Variante: Der »GeoPfad« ist ein 5 km langer, beschilderter Wanderweg, der im GeoZentrum Gams seinen Anfang nimmt und die hier beschriebene Tour durch die Nothklamm noch erweitert. Führungen gegen Voranmeldung zwischen April und Oktober. Infos beim GeoZentrum Gams, Tel. +43 (0)3633 220150, www.geodorf.com/ausflugsziel/geopfad-gams.

Hinweis: Die nach dem berühmten Höhlenforscher Franz Kraus (1834–1897) benannte, 1881 von ihm erschlossene Kraushöhle kann von 1. Mai bis 31. Okt. im Rahmen von Führungen (Dauer 1½ Std.) besichtigt werden: Im Juli und August tägl. um 10, 12, 14 und 16 Uhr, sonst Fr., Sa. und So. um 12 und 14 Uhr, außerdem nach Voranmeldung, Tel. +43 (0)3633 220150, www.geodorf.com/ausflugsziel/kraushoehle-gams.

Tipps: Lohnend ist ein Besuch des GeoZentrums im Gemeindeamt Gams mit sehenswertem geologischem Museum. Die Broschüre »GeoPfad« mit Beschreibung der 48 beschilderten Stationen kann im GeoZentrum und beim Kirchenwirt in Gams erworben werden.

Karte: F&B WK 062.

Der Gesäuseblick von der Unterstandshütte am Eingang zur Kraushöhle.

Vom **Parkplatz GeoWerkstatt (1)** auf Asphaltstraße 150 m nach Osten aufwärts zu einer Verzweigung und rechts haltend zum **Parkbad Gams (2)**. Links an ihm vorbei, danach auf Naturfahrweg in den sich verengenden Gamsbachgraben mit einer Gedenktafel an Erzherzog Rudolf (GeoPfad Nr. 12). Den Graben aufwärts zum Ende des Fahrwegs an der Schwefelquelle (GeoPfad Nr. 14). Weiter zur Brücke nach rechts über den Gamsbach (Geo-Pfad Nr. 15) und jenseits zur Wegteilung, 540 m, am Eingang in die Nothklamm. Links haltend auf Holz-

stegen durch die sich weiter verengende Klamm, an GeoPfad Nr. 16 (»Kolk im Kalk«) und Nr. 17 (»tiefe Spalte«) vorbei, aufwärts zur engsten Stelle (GeoPfad Nr. 18 und 19), danach zur »Babyhöhle« (GeoPfad Nr. 22) und über die nächste Brücke. Jenseits kurz aufwärts zur dritten Brücke über den in Kaskaden niederstürzenden Gamsbach (GeoPfad Nr. 27 »Stromschnellen« und Nr. 28 »Riesenzahnmuschel« mit Fernrohr). Am Südufer weiter zum Ende der Holzstege in der sich weitenden

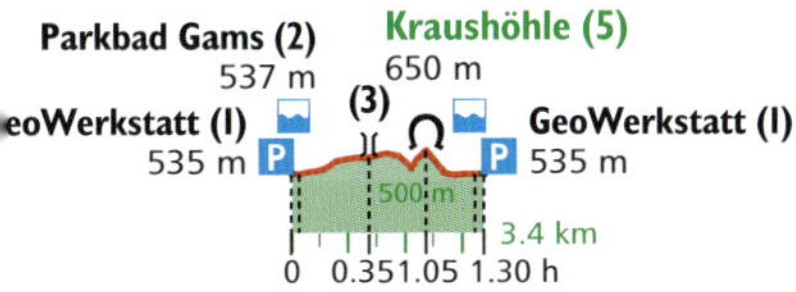

Der GeoPfad in der Nothklamm hoch über dem Gamsbach.

Auf Holzstegen durchwandert man genussreich die Talenge.

Klamm. Auf einem Fußweg (Holzgeländer) an den Waldhängen aufwärts zu einer Holzstiege und diese links hinab zum Bach mit dem »Schneckenfriedhof« (GeoPfad Nr. 34, roter Pfeil!) am Ende der Kalkschlucht. Im Wald bergauf zur Steinkugelmühle (GeoPfad Nr. 35), wo grob behauene Steine mit Hilfe der Wasserkraft gerundet und geschliffen werden (bis ins 19. Jh. als Kanonenkugeln, heute für Dekorationszwecke). Kurz hoch zur alten Bergstraße, die vor der **Gamsbach-Brücke (3)** erreicht wird, dem Umkehrpunkt dieser Tour.

Die aus dem Fels gesprengte Naturstraße hoch über der Nothklamm (Achtung, keine Steine lostreten!) durch Wald und an Felswänden entlang nach rechts abwärts und durch drei kurze Tunnels, am Nothkreuz vorbei, zum Gesäuseblick (Buchsteingruppe) nach dem letzten Tunnel. Auf der Straße weiter zu einer **Verzweigung (4)**. Scharf links ab und über den Stiegenweg (mit Geländer) einen steilen Waldhang in Kehren nach Osten empor zum Eingang in die **Kraushöhle (5)** auf einem Absatz unterhalb einer Wand (Regenunterstand mit Bänken und Tisch, schöner Gesäuseblick!). Über dem Höhleneingang ist eine Skulptur des Höhlenforschers Franz Kraus angebracht.

Zurück zur **Verzweigung (4)**. Von dort auf der Bergstraße 50 m talwärts zu einer Verzweigung. Rechts auf Fußweg durch Wald in Kehren nach Norden hinab zur Brücke über den Gamsbach am Eingang in die Nothklamm. Weiter auf bekanntem Weg zum **Parkplatz GeoWerkstatt (1)**.

Eindrucksvolle Aus- und Tiefblicke von den Engstellen in der Klamm.

25 ► **Leopoldsteiner See**

Naturbadesee in der Hochschwabgruppe ★★

Vielbesuchtes Alpenjuwel bei Eisenerz

Wanderungen an Seen führen nicht notwendigerweise im Kreis und direkt am Wasser entlang, vor allem dann, wenn Verbauungen Uferabschnitte säumen. Doch im Falle des diesbezüglich unberührten Leopoldsteiner Sees gilt der angenommene Normalfall, die Strecke verläuft direkt am und um den See herum. In einem Talkessel der westlichen Hochschwabgruppe nahe Eisenerz gelegen, zählt das 1400 Meter lange, 370 Meter breite und bis zu 30 Meter tiefe Gewässer zu den attraktivsten Gebirgsseen im Osten Österreichs. Von den wuchtigen Steilwänden der Seemauer und des Pfaffenstein flankiert, ist der kurzweilige, etwas mehr als eine Stunde dauernde Gang um den See ein wirkliches Fest der Augen. Perfekt und gemütlich wird der kleine Tagesausflug, weil es sowohl am West- wie am Ostende des Sees Labestationen gibt.

KURZINFO

Ausgangspunkt: Parkplatz, 635 m (Seestüberl-West), am Westende des Leopoldsteiner Sees, 4,5 km von Eisenerz. Bushalt an der B115 beim Schloss Leopoldstein.

Gehzeit: 1.15 Std.

Höhenunterschied: 10 m.

Anforderungen: Bequeme Rundwanderung auf breiten Fuß- und Fahrwegen. Bei praktisch jedem Wetter möglich.

Kinder: Mit dem hübschen Badestrand am Ostufer, der Möglichkeit einer Bootscharterung und den Einkehren nach je

Naturbadestrand am Ostende des Leopoldsteiner Sees.

einer halben Gehstunde eignet sich die Seerunde bestens für Eltern in Kinderbegleitung.

Einkehr: Restaurant Leopoldsteinersee beim Parkplatz am Westende, Seestüberl am Ostende des Sees (beide vom 15./30. April bis 31. Okt. 10–20 Uhr geöffnet, Tel +43 (0)664 8200642, www.leopoldsteinersee.at).

Bademöglichkeit: Der Leopoldsteiner See ist ein an heißen Sommertagen rege frequentierter Badesee mit breitem Sand- und Schotterstrand am Ostende.

Bootsverleih: Verleih von Elektro-, Ruder- und Tretbooten am Südufer des Sees, 250 m östlich des Parkplatzes.

Gipfelmöglichkeit: Geübten Gehern sei die Besteigung des aussichtsreichen Hochblaser, 1771 m, über den exponierten und teilweise gesicherten Seemauernsteig empfohlen. Anstiegshöhe: 1150 m, Anstiegszeit: 3.15 Std.

Tipp: Wer sich's einrichten kann, sollte die Seerunde nicht gerade an überlaufenen Bade-Wochenenden machen.

Karte: F&B WK 062.

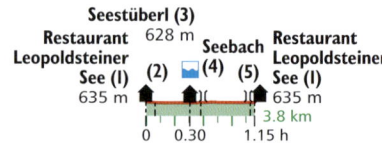

Rast am Nordufer des Leopoldsteiner Sees.

Vom Parkplatz am **Restaurant Leopoldsteiner See (1)** auf Naturstraße (Fahrverbot!) 250 m sanft nach Südosten abwärts zum **Seeufer (2)** mit Bootsvermietung (Elektro-, Ruder- und Tretboote). Mit Aufblick auf Seemauer und Pfaffenstein in angenehmer Wanderung am bewaldeten Südufer zur Verzweigung am Ostende und dort nach links zum nahen **Seestüberl (3)**. Entlang der Naturstraße etwas abseits des Sees (mit Badestrand) durch Auwald eben nach Norden, später im Rechtsbogen zu einer Verzweigung. Links ab und auf dem breiten Norduferweg zunächst auf einer Brücke über das meist trockene Schotterbett des **Seebachs (4)**, danach über eine zweite Brücke (Quelle) unter die Steilflanken der Seemauer. Auf schönem Promenadenweg am bewaldeten Nordufer (mächtige Felsblöcke) eben zum Westende, dort links über die **Seeabflussbrücke (5)** mit Prachtblick auf den Pfaffenstein und kurz durch Wald bergauf zum Parkplatz am **Restaurant Leopoldsteiner See (1)**.

26 ▶ # Teufelssee, 1073 m

Von der Winterhöh über den Kreuzpfäder   ★★

Ein »Himmelsspiegel« im gottverlassenen Kar

An einem der entlegensten Plätze der Steiermark, am Grund einer von Ur-wäldern und Felswänden flankierten Trichterdoline nördlich des Brandstein gelegen, weisen weder Markierungen noch Schilder den Weg zu diesem Schmuckstück der Hochschwabgruppe, dessen Besuch einer kleinen »Expe-dition« gleichkommt. Die dunkelgrüne, fast schwarze Farbe des U-förmigen, 200 Meter langen und 30 bis 50 Meter breiten Sees ist der Sage nach dem Teufel zu verdanken, der in dem Gewässer versucht haben soll, seine schwar-ze Farbe abzuwaschen. Aus dem Salzatal, von Wildalpen her, erreicht man den Dolinensee über den Verzweigungspunkt Kreuzpfäder (Ende der Mar-kierungen) und eine ausgedehnte, reich gegliederte Hochfläche, Relikt eines gewaltigen Bergsturzes vor rund 6000 Jahren! Dabei müssen wegen des ständigen Auf und Abs beachtliche Höhenmeter bewältigt werden, bis es zuletzt 130 Höhenmeter hinab in den Dolinengrund und zum See geht. Trotz der Länge und eventueller Probleme bei der Pfadsuche kommt man bei ge-nügend Zeitvorrat, guter Kondition, Kartenmaterial und GPS-Hilfe zurecht und hat schlussendlich einem Bergjuwel seine Geheimnisse entlockt …

KURZINFO

Ausgangspunkt: Winterhöh, 670 m (Aufsichtsposten der Wiener-Wasserwer-ke), Häusergruppe 2 km südlich vom Ortszentrum von Wildalpen, 607 m, im Salzatal, auf einer Talstufe im Auslauf des Siebenseebachgrabens. Parkplatz, 685 m, unterhalb der Talstation des Sie-benseen-Skilifts.
Gehzeit: 5.45 Std.
Höhenunterschied: 900 m.
Anforderungen: Einfache, aber be-sonders lange, anstrengende Wande-rung, die an Ausdauer und Orientie-rungsvermögen (ab Kreuzpfäder weder Beschilderung noch Markierung!) hohe Anforderungen stellt. Um nicht in Zeit-not zu geraten, empfiehlt sich ein früher Aufbruch. Nur bei bestem Wetter und nicht im Alleingang!
Kinder: Die Wanderung zum Teufelssee kann für Kinder nicht empfohlen wer-den. Doch der Besuch des Hartlsees (Tourenrückweg, keine Bademöglich-keit!) und des nahen Wiesenbodens Sie-bensee ist mit Kindern lohnend und kein Problem.
Einkehr: Gastbetriebe in Wildalpen und Hinterwildalpen. Unterwegs keine Einkehr.
Bademöglichkeit: Wildbaden in der Salza. Einen Besuch wert ist das Wald-bad (beheiztes Freischwimmbad) in Hin-terwildalpen. Auf der Winterhöh gibt es eine originale Waldsauna.
Bootsverleih: In Wildalpen können Kajaks, Schlauchboote und Kanus ge-mietet werden, ferner gibt es Kajakkurse, Kanutouren und Rafting in der Salza, ei-ner der schönsten Wildwasserstrecken Österreichs.
Hinweis: Im Einzugsbereich der II. Wie-ner Hochquellenwasserleitung gelegen ist das Sieben-Seen-Gebiet eine streng gehütete Wasserschutzregion. Das Ba-den im Hartl- und Teufelssee ist verboten! Die sieben Seen im Bereich des gleichna-migen Wiesenbodens (gemauerter Brun-nen) wurden beim Bau der II. Wiener Hochquellenwasserleitung trockenge-legt.
Karte: F&B WK 041.

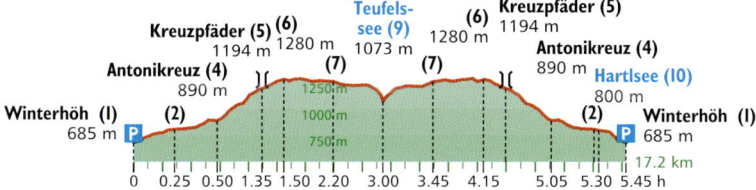

Kreuzpfäder (5)   (6)   Teufels-   (6)   Kreuzpfäder (5)
1194 m   1280 m   see (9)   1280 m   1194 m
(7)   1073 m   (7)
Antonikreuz (4)   (7)   Antonikreuz (4)
890 m   890 m   Hartlsee (10)
Winterhöh (1)   (2)   (7)   800 m
685 m   P   Winterhöh (1)
1250m   P   685 m
1000m
750m   17.2 km

0   0.25 0.50 1.35 1.50 2.20   3.00   3.45   4.15   5.05 5.30 5.45 h

Vom Parkplatz in **Winterhöh (1)** die für den öffentlichen Verkehr gesperrte, rot markierte Asphaltstraße (Weg Nr. 829) in Richtung Sonnschienhütte nach Süden aufwärts zu einer Schranke, danach zur Linksabzweigung des »Seesteigs«. Entlang der Straße durch Wald in Kehren weiter bergauf zur **Abzweigung (2)** einer Forststraße links gegen den Hartlsee. Die Asphaltstraße gerade-

aus weiter zum **Wiesenboden Siebensee (3)** mit Blick zum Großen Griesstein und Ebenstein. Dort zur Gabelung bei gemauertem Brunnen am Waldrand mit Bänken. Links den Naturfahrweg Nr. 829 durch Wald nach Osten empor auf eine Anhöhe, danach in Südrichtung abwärts zur Naturstraße beim hölzernen **Antonikreuz (4)** mit Bank. Die Straße überqueren und auf bezeichnetem

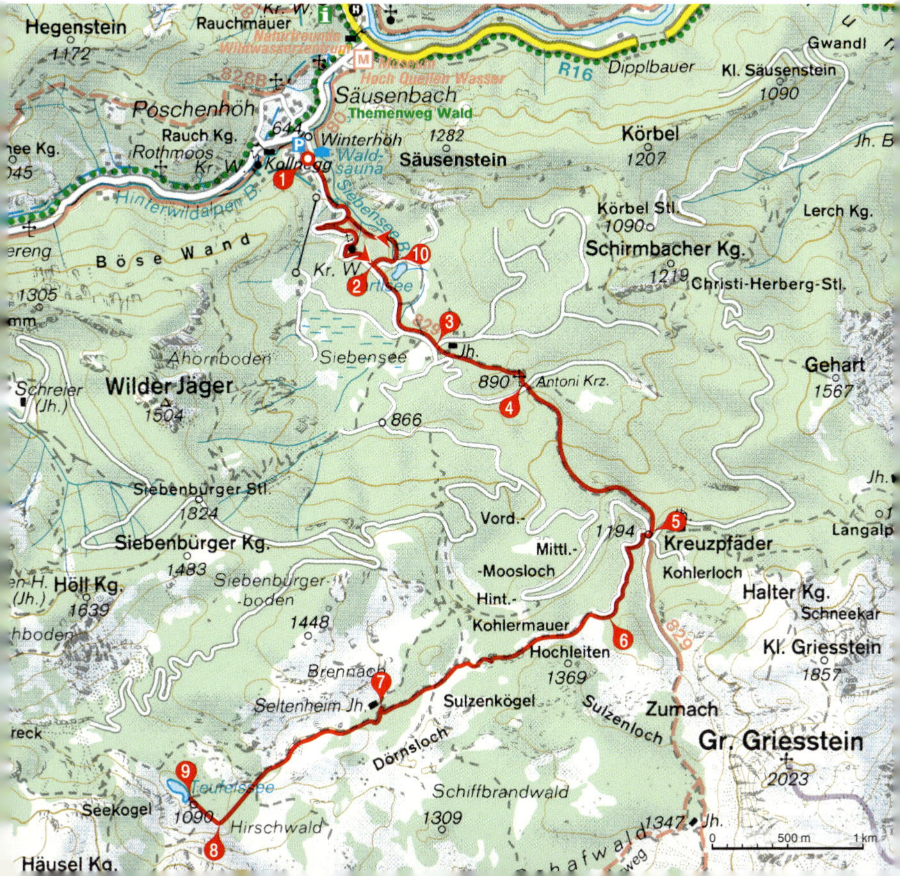

Fußweg, eine weitere Forststraße kreuzend, in langer Querung einer Waldflanke nach Südosten empor auf ein Plateau, danach durch einen Graben in einen kleinen Sattel und jenseits im Rechtsbogen aufwärts in den Sattel **Kreuzpfäder (5)** mit Bänken (Kreuzungspunkt mehrerer Forststraßen, Hubschrauber-Landeplatz). Eindrucksvoller Aufblick auf Großen Griesstein und Ebenstein!

Hier wird die rote Markierung (Weg Nr. 829 zur Sonnschienhütte) scharf nach rechts verlassen! Auf unbezeichnetem Fahrweg kurz nach Nordwesten aufwärts zur Linkskehre, danach, einem Rücken folgend, im Nadelwald gegen die Hochleiten nach Südwesten empor auf eine Anhöhe mit **Wetterstation der Wiener Wasserwerke (6)**. Jenseits in der Nordseite der Hochleiten abwärts zum Ende des Fahrwegs. Nun auf gut erkennbarem, aber nicht markiertem Pfad (einzelne Steinmänner) im kurzstämmigen Wald südwestwärts weiter, später den Felsrücken der Kohlermauer steil hinauf und eben weiter, bis der Steig zu fallen beginnt (eindrucksvolle Schau auf Großen Griesstein und Brandstein!). Hinab in eine Grube und jenseits auf eine latschenbewachsene Erhebung. Durch Wald in einen Sattel und danach zu einer Verzweigung. Rechts haltend, an der linken Seite einer Dolinenmulde zur **Jagdhütte Seltenheim (7)**. Links haltend weiter, später in langer Querung sonnenexponierter Hänge rechts oberhalb einer weiten Grube (»Donerloch«) nach Südwesten zur nächsten Teilung. Nach links hinab in einen Sattel, jenseits rechts haltend bergauf, dann durch Wald abwärts und quer über ein Schuttfeld. Auf 1190 m schließlich einer **Abzweigung (8)** vom Hauptweg nach rechts folgend durch Wald bzw. Geröll 130 Höhenmeter nach

Von dichten Wäldern umgeben: der stimmungsvolle Hartlsee.

Blick von der Kohlermauer auf Großen und Kleinen Brandstein. In der nicht einsehbaren Dolinenmulde rechts von diesem die Lage des Teufelsees.

Nordwesten hinunter zum **Teufelssee (9)**, 1073 m (an einem Felsblock befestigtes »Seebuch«).

Auf der Anstiegsroute anschließend zurück bis zur **Abzweigung (2)** der Forststraße Richtung Hartlsee. Auf ihr nach rechts abzweigen und kurz hinab zum **Hartlsee (10)**, ein Relikt der beim Bau der II. Wiener Hochquellenwasserleitung trockengelegten sieben Seen. Über den Abfluss und jenseits kurz hinauf zur Linksabzweigung des »Seesteigs«. Auf diesem anfangs rechts, dann links der Kaskaden des Siebenseebachs abwärts zur Asphaltstraße und auf ihr zum Ausgangspunkt am **Parkplatz Winterhöh (1)**.

Der Steig vom Kreuzpfäder zum Teufelssee.

27 # Tragößer Seen-Trilogie

Grüner See, Pfarrerteich und Kreuzteich ★★★

Fotopirsch zum schönsten Platz Österreichs

Ein Highlight der Hochschwabgruppe ist der Grüne See bei Tragöß, in dem sich die Wände der Pribitz, des Trenchtling und der Messnerin so prächtig spiegeln. Von unterirdischen Schmelzwässern gespeist, ist es ein »lebender« See, dessen Wasserstand und Färbung je nach Jahreszeit wechselt. Doch auch die anderen Gewässer im Umkreis, der kleine Pfarrerteich und der düster-dunkle Kreuzteich, haben ihren eigenen Reiz. Wenn wir uns hier nicht einfach mit dem Besuch der drei Seelein begnügen, sondern an jedem länger verweilen, ihn umrunden, ja sogar Uferabschnitte bei wechselnden Lichtverhältnissen mehrmals begehen, so mag das verwundern, wird aber angesichts der dort gebotenen Naturschönheiten verständlich. Denn dass der Grüne See in einer Umfrage vom Herbst 2014 von 985.000 Zuschauern des ORF zum »schönsten Platz Österreichs« gewählt wurde, sagt schon viel, oder? Wer Lärm und Trubel nicht sonderlich schätzt, besuche die Tragößer Seen nicht an warmen Sommerwochenenden, an denen Scharen von Städtern ihre Ufer bevölkern.

KURZINFO

Ausgangspunkt: Gasthof zur Post, 780 m, im Zentrum von Tragöß-Oberort, 793 m, Bushalt, Erholungsdorf im Süden der Hochschwabgruppe, am Ende des Tragößer Tals.

Gehzeit: 2.30 Std.

Höhenunterschied: 100 m.

Anforderungen: Bequeme, einfache Wanderung auf guten Fahr- und Fußwegen.

Kinder: Die vorliegende Runde eignet sich hervorragend für eine Wanderung mit Kindern. Es gibt Spiel- und Einkehrmöglichkeiten unterwegs!

Einkehr: Gasthof zur Post in Tragöß-Oberort (22 B., ganzj. geöffnet, Mo., in der Nebensaison auch Di. Ruhetag, Tel. +43 (0)3868 8203); Seehof (16 B., 1. Mai bis 30. Sept. geöffnet, kein Ruhetag, Tel. +43 (0)699 11491720 www.seehof-gruenersee.com); Hoamat-Kaffee am Parkplatz Grüner See (ganzj. tägl. geöffnet).

Bademöglichkeit: Grüner See, Pfarrerteich und Kreuzteich sind wegen des kalten Wassers keine idealen Badeseen. Besser geeignet ist der Freizeitsee Zenz (www.zenzsee.at) in Pichl-Großdorf, 3 km südlich von Tragöß-Oberort.

Bootsverleih: Tret- und Paddelboote am Freizeitsee Zenz in Pichl-Großdorf.

Hinweis: Der Grüne See ist ein reiner Schmelzwassersee mit hohem Wasserstand im Frühsommer und Austrocknung im Winter, ultramarinblauer Färbung im Sommer, malachitgrüner im Herbst.

Tipp: Mit seinem glasklaren Wasser gilt der Grüne See unter Tauchern als Geheimtipp. Die beste Tauchzeit ist das Frühjahr während und nach der Schneeschmelze (Tauchzentrum Grüner See mit Füllstation). Allerdings haben in den letzten Jahren Klimaerwärmung, Niederschlagsdefizit und intensiver Besucherzustrom die Wasserqualität vor allem des Grünen Sees deutlich verschlechtert.

Karte: F&B WK 041.

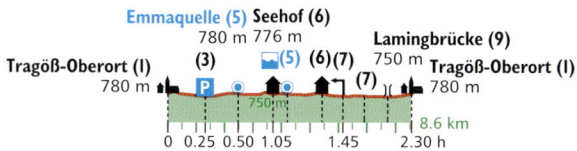

Die felsige Messnerin vom »Seesteig« am Ostufer des Grünen Sees.

Vom Gasthof zur Post in **Tragöß-Oberort (1)** die Straße in Richtung Haringgraben, am Heimatmuseum und unterhalb der Pfarrkirche vorbei, 300 m nach Norden aufwärts zum Feuerwehrhaus (Marterl). Links ab und auf Asphaltstraße (Weg Nr. 837) gegen den Waldhof nach Westen zur **Alten Schmiede (2)** am Haringbach. Vor dem Bach links ab und auf Fuß-weg am Wiesenrand eben nach Westen zu einem Querweg (Bank). Diesen über den Haringbach nach rechts zu einem Fahrweg und auf ihm links zu rot bezeichneter Naturstraße (rechts in die »Klamm«). Die Straße nach links wieder zum Haringbach, gleich nach der Brücke jedoch rechts ab und auf gutem Fußweg vorerst links, dann rechts vom Bach westwärts zum **Parkplatz Grüner See (3)**. Nach links über den Haringbach zur Jassingstraße beim Büro des Fremdenverkehrsverein Tragöß (Parkticket-Automat, Tische und Bänke). Die Asphaltstraße 150 m nach rechts zum **Pfarrerteich (4)** mit ausgestattetem Rastplatz vor den Wänden der Pribitz.

Rechts ab und auf Naturstraße am Ostufer des Sees zur Rechtskurve vor einem Haus. Links auf Fußweg am nördlichen Seeufer zum Zuflussbach (zwei kleine Holzbrücken). Rechts von diesem im Wald nach Nordwesten aufwärts zu einer Gabelung. Den Naturfahrweg geradeaus zur **Emmaquelle (5)** unter den Pribitzwänden nahe dem Nordostende des Grünen Sees. Geradeaus den »Seesteig« am Westufer, mehrere Buchten berührend oder ausgehend, zur Jassingstraße am Südufer und diese links zum **Seehof (6)**. Auf dem »Seesteig« am Ostufer des Grünen Sees für ein Fotoshooting (Aufblicke in die Wände von Pribitz, Trenchtling und Meßnerin!) nordwärts wieder zur **Emmaquelle (5)** und auf bekanntem Weg zurück zum **Seehof (6)**.

Die Asphaltstraße in Richtung Tragöß, nach 100 m zur Rechtsabzweigung eines Naturfahrwegs und diesen durch Wald abwärts zum Kreuzteich, der an zwei ergiebigen Quellen erreicht wird. Den Fahrweg am Westufer zu einem alten Bildstock (»Pestkreuz« von 1630), 50 m danach zu einer **Verzweigung (7)**. Links auf anderem Fahrweg am Südufer des Teichs über den Abfluss, danach am Ostufer entlang zur Linksabzweigung des **Quellensteiges (8)**. Diesen am Nordufer zu mächtiger Quelle (Mühlrad, Kneippanlage, Bank), danach, einem Pfad folgend, zum bekannten Fahrweg am Westufer. Auf diesem links haltend nach kurzer Strecke wieder zur **Verzweigung (7)** nach dem »Pestkreuz«. Dort nun aber den Fahrweg geradeaus, rechts der Laming, in Südostrichtung zu einem Privathaus und weiter zur Verzweigung bei der **Lamingbrücke (9)**. Den Fahrweg nach links über den Bach, danach, am Hof Wassergraf und einem Bildstock vorbei, durch Wiesen und Felder zurück zum Gasthof zur Post in **Tragöß-Oberort (1)**.

Rechts: Die Felsmauern der Pribitz über den Fluten des Grünen Sees.
Unten: Liegewiesen säumen das Ostufer des Grünen Sees.

28 ▶ Sackwiesensee, 1414 m

Durch die Klamm und über die Sonnschienalm ★★

Ein glitzernder Smaragd am Hochschwab-Plateau

Ein See in der Einöde des Hochschwab ist schon für sich genommen eine Rarität, und ein so bezaubernder Smaragd wie der Sackwiesensee über Tragöß ist es gewiss. Die gut 7 Stunden Marsch sind zwar an einem Tag zu bewältigen, aber man tut sich leichter, wenn man schon am Vortag durch die »Klamm« bis zur Sonnschienhütte wandert, dort zu übernachtet und sich für den Hauptteil des Unternehmens den ganzen Folgetag reserviert. Das von Lärchen malerisch flankierte Gewässer zu umrunden oder von erhöhten Standorten den Blick über das Kleinod hinweg in die Ferne schweifen zu lassen – das ist Hochgenuss pur! Ein unvergesslicher Tag für jene, denen es nach den Bergen weniger aus sportlichem Ehrgeiz, sondern der Landschaft wegen dürstet.

KURZINFO

Ausgangspunkt: Gasthof zur Post, 780 m, im Zentrum von Tragöß-Oberort, 793 m, Bushalt, Erholungsdorf im Süden der Hochschwabgruppe, am Ende des Tragößer Tals.

Gehzeit: 7.15 Std.

Höhenunterschied: 1000 m.

Anforderungen: Unschwierige, aber lange und wegen des zu bewältigenden Höhenunterschieds anstrengende Wanderung auf markierten Wegen. Trittsicherheit nötig!

Kinder: Auf zwei Tourentage verteilt (Übernachtung auf der Sonnschienhütte), ist das Unternehmen auch in Begleitung gehfreudiger Kinder machbar.

Einkehr: Gasthof zur Post in Tragöß-Oberort (22 B., ganzj. geöffnet, Mo., in der Nebensaison auch Di. Ruhetag, Tel. +43 (0)3868 8203); Sonnschienhütte (13 B., 50 L., vom 1./5. Mai bis 14. Sept. durchgehend, ab 16. Okt. tägl. außer Mo. geöffnet, nicht geöffnet während der Jagdsperre – siehe unter Hinweis); Jausenstation Sackwiesenalm (14 L., 15. Juni bis 8. Sept. geöffnet); Häuselalm (16 B., 5. bis 31. Mai Do.–So., danach bis 14. Sept. Mi.–So., ab 16. Okt. wieder Do.–So. geöffnet, nicht geöffnet während der Jagdsperre – siehe

unter Hinweis).

Bademöglichkeit: Der Freizeitsee Zenz (www.zenzsee.at) in Pichl-Großdorf, 3 km südlich von Tragöß-Oberort, ist ein beliebtes Badegewässer im inneren Tragößer Tal. Abgehärtete können im klaren Sackwiesensee ein erfrischendes Bad nehmen.

Bootsverleih: Verleih von Tret- und Paddelbooten am Freizeitsee Zenz in Pichl-Großdorf (siehe oben).

Gipfelmöglichkeit: Von der Sonnschienhütte kann der aussichtsreiche Ebenstein, 2123 m, einer der Hauptgipfel der westlichen Hochschwabgruppe, auf markiertem Steig unschwierig besteigen werden. Nur bei nebelfreiem, trockenem Wetter! Gesamter zusätzlicher Zeitaufwand: 3.15 Std.

Variante: Man kann von der Sackwiesenalm, ohne die Häuselalm zu berühren, südwärts über die ebene Sackwiese zum Querweg Nr. 838 gelangen und auf ihm wie beschrieben nach Tragöß-Oberort absteigen, 30 Min. Zeitersparnis.

Hinweis: Zur Zeit der jährlichen Jagdsperre (15. Sept. bis 15. Okt.) sind Touristen unerwünscht und fast alle Hütten geschlossen.

Tipp: Wegen der Länge der Tour wird eine Zwischennächtigung an der Sonnschienhütte empfohlen.

Karte: F&B WK 041.

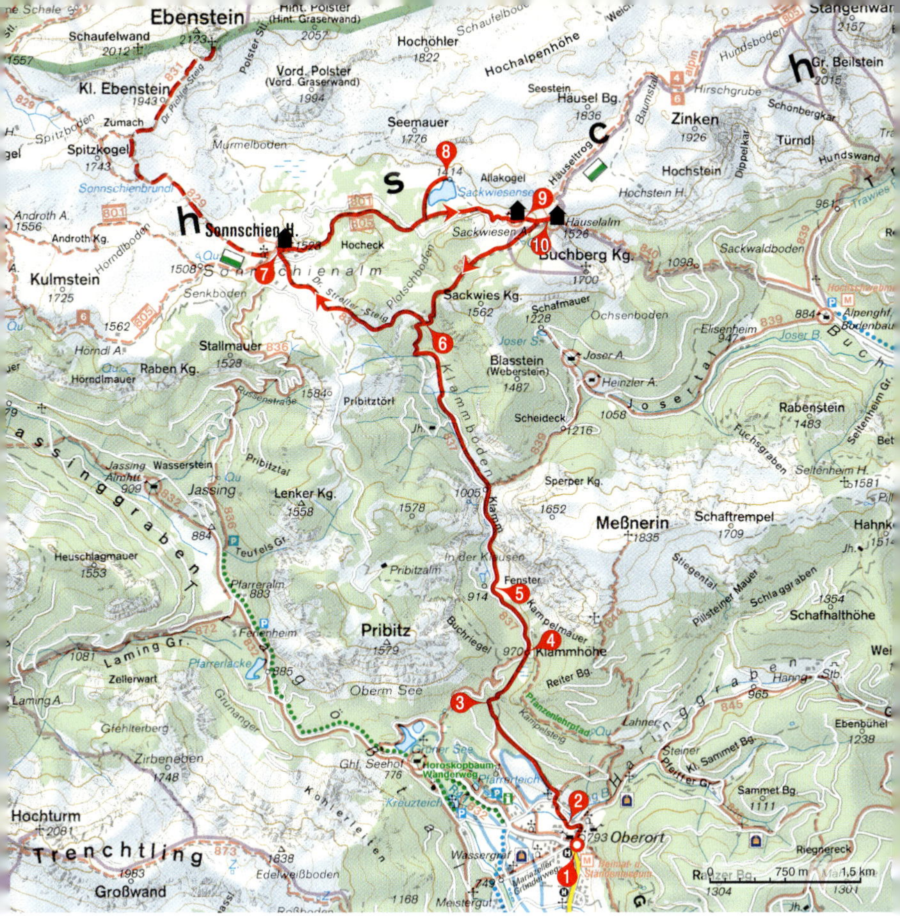

Vom Gasthof zur Post in **Tragöß-Oberort (1)** die Straße in Richtung Haringgraben, am Heimatmuseum und unterhalb der Pfarrkirche vorbei, 300 m nach Norden aufwärts zum Feuerwehrhaus (Marterl). Links ab und auf Asphaltstraße (Weg Nr. 837) gegen den Waldhof nach Westen zur **Alten Schmiede (2)** am Haringbach. Jenseits über Wiesen nach Nordwesten aufwärts zu einer Verzweigung. Links haltend nach 30 m zur Rechtsabzweigung von Fußweg Nr. 837 und 844 und diesen

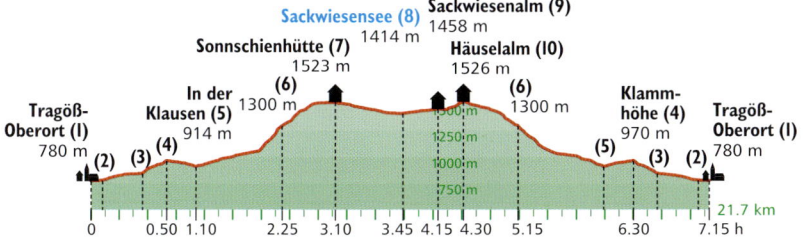

Am Westufer des zauberhaften Sackwiesensees.

nach Norden hinauf zur Wegteilung am Waldrand. Links den Karrenweg Nr. 837 im Wald bergauf, später auf Forststraße leicht fallend zur Linkseinmündung einer Naturstraße und auf ihr rechts haltend zum **Frühstücksstein (3)**. Den Fußweg Nr. 837 durch Wald nach Norden aufwärts in den Sattel der **Klammhöhe (4)** mit Kruzifix (Verzweigung). Aufblick in die Wände der Messnerin mit dem großen Felsenfenster »Teufelsloch«.

Jenseits entlang einer Naturstraße hinab zum Talboden **In der Klausen (5)** und dort eben in die »Klamm«, der Talenge zwischen Pribitz und Messnerin. An einer Quelle vorbei hinauf zum ersten Klammboden (Verzweigung). Über die Wiesenfläche, dann durch eine Waldparzelle zum zweiten Klammboden im Talschluss. Auf dem Dr.-Ferdinand-Streller-Steig (Geländersicherung) im felsig-bewaldeten Gelände steil nach Norden empor zum Flachstück »Baumgart«. Einen seichten Waldgraben in Kehren hoch, später an der linken Talseite im lichten Wald steil nach Nordwesten empor zu einer **Verzweigung (6)**, 1300 m, mit Bank. Links den Weg Nr. 837 über eine licht bewaldete Steilflanke nach Westen aufwärts, später im schönen Bergnadelwald und durch Wiesen empor auf das Hochschwab-Plateau. Dort durch Latschengassen und über Almweiden, an Dolinenmulden vorbei, zu einer Anhöhe, die den Blick auf die kreisrunde Wiesenoase der Sonnschienalm (darüber der Ebenstein) freigibt. Jenseits kurz bergab, dann nordwestwärts über den Wiesenboden (Pflockmarkierung) zur **Sonnschienhütte (7)**.

Auf Weg Nr. 801 und 805, eine Naturstraße kreuzend, über flache Almweiden nach Osten, danach im reizvoll kupierten, parkähnlichen Gelände in stetem Auf und Ab weiter, schließlich durch lichten Bergnadelwald hinab in einen Graben mit Forststraße. Auf ihr 150 m geradeaus, dann links auf Fußweg zu einer Verzweigung. Links ab und auf gutem Pfad kurz nach Norden zu dem unter Felswänden gelegenen **Sackwiesensee (8)**, einem Badesee mit lohnender Umwanderung und herrlichen Fotomotiven.

Zurück zum Hauptweg. Diesen durch Wald und über Wiesen nach links (Osten) hinauf in den Sattel,

1480 m, zwischen Allakogel links und einer unbenannten Erhebung rechts. Jenseits, die Kehren einer Naturstraße abkürzend, auf Fußweg über Wiesen nach Osten hinab zur **Sackwiesenalm (9)**. Den Fahrweg ostwärts zunächst sanft bergauf, dann durch Buschwerk in Kehren empor zur Rechtsabzweigung von Weg Nr. 838 und geradeaus zur **Häuselalm (10)** am Sattel zwischen Häuselberg und Buchberg.

Zurück zur Abzweigung von Weg Nr. 838. Auf ihm an den Hängen des Buchberges durch Gesträuch nach Südwesten abwärts, dann am linken Rand der Sackwiesen eben fort und in den Wald. Dort sanft abwärts, später eine steile, grasige Rinne in engen Serpentinen gegen den Plotschboden hinunter. Links oberhalb von ihm an den Abhängen des Sackwieskogels nach Südwesten empor zu einer Schulter und jenseits steil hinab zur bekannte **Verzweigung (6)** und dem Weg Nr. 837 mit Bank. Weiter auf bekanntem Weg zurück zum Ausgangspunkt in **Tragöß-Oberort (1)**.

Die Sonnschienhütte, überragt vom mächtigen Ebenstein.

29 ▶ Schlossteich Sitzenberg

Über den Reidlingberg zum Schlossteich ★

Auf Erkundungstour am Südrand des Tullnerfeldes

*Der Doppelort Sitzenberg-Reidling gehört mit seinem prachtvollen Renais-
sanceschloss – Veranstaltungsort exquisiter klassischer Konzerte –, dem malerischen Schlossteich zu Füßen des Burgberges, der mächtigen klassizistischen
Pfarrkirche und einem neuen, großzügig konzipierten Gesundheitszentrum
zu den reizvollsten Flecken am Südrand des Tullnerfeldes. Der im 18. Jahrhundert angelegte Teich hat durch Karpfenzucht, Freibad, Eislaufplatz und
als Veranstaltungsort von Sommerfesten und Feuerwerken überregionale
Bedeutung erlangt. Auf der hier propagierten Runde kommen wir an all
diesen Attraktionen vorbei und berühren auch die idyllische Waldandacht
am Reidlingberg, bevor wir uns im Sitzenberger Freibad unter schattenspen-
denden Bäumen dem süßen Nichtstun hingeben …*

K U R Z I N F O

Ausgangspunkt: Hauptplatz (Leopold
Figl Platz), 190 m, in Reidling. Bushalt,
Parkplätze.
Gehzeit: 2 Std.
Höhenunterschied: 130 m.
Anforderungen: Einfache Rundwan-
derung auf Fahr- und Fußwegen. Im An-
stieg auf den Reidlingberg nicht mar-
kiert, aber leicht zu finden.
Kinder: Kinder finden im Reidlingwald
und im Augebiet zwischen Eggendorf

und Sitzenberg ein reiches Erkundungs-
feld, machen Bekanntschaft mit Kleintieren (Amphibien, Reptilien, Libellen usw.).
Gute Motivationshilfe ist der Besuch des
Sitzenberger Freibads, ggf. mit Einkehr
in der Teichschenke (Ufer-Terrasse) oder
im nahen Gasthof Schmid.
Einkehr: Landgasthof Schmid (10 B.,
ganzj. 8–14 Uhr und 17–22 Uhr geöffnet, Mo. Ruhetag, www.gh-schmid.at).
Temporäre Heurigenbetriebe gibt es in
Reidling, Sitzenberg, Eggendorf, Thal-
lern und Ahrenberg.
Bademöglichkeit: Schönes Freibad

Das Renaissanceschloss Sitzenberg über dem Schlossteich.

mit schattiger Liegewiese am Nordwest-ufer des Sitzenberger Schlossteichs (kein Eintritt, Kiosk).

Variante: Von Sitzenberg lohnt der Besuch der Aussichtswarte »Korkenzieher« und der Ahrenberger/Eichberger Kellergasse (Heurigenbetriebe): Vom Nordufer des Teichs die Schlossbergstraße nach links (Westen) zur Karl-Fischer-Straße und diese rechts haltend nach Ahrenberg. Die Ortsstraße 200 m nach links zu Verzweigung. Steil bergauf führt ein Fahrweg zum Fuchsberg mit dem Korkenzieher, scharf nach rechts eine Asphaltstraße in die Ahrenberger Kellergasse mit zahlreichen Weinkellern und meist einem geöffneten Heurigenbetrieb. Gesamter Zeitaufwand (hin und retour):

rund 1 Std.

Hinweise: In dem auf einem Hügel stehenden Schloss Sitzenberg (www.schloss-sitzenberg.at) ist eine Höhere Bundeslehranstalt für Land- und Ernährungswirtschaft untergebracht, im Sommerhalbjahr finden dort Konzerte statt.

Tipps: Einen Besuch verdienen die Sommerspiele Schloss Sitzenberg im Juni (www.sommerspiele.schloss-sitzenberg.at) sowie die sommerlichen Sitzenberger Teichfeste am Nordufer des Schlossteichs, ferner das Karpfen-Abfischfest Mitte Oktober und der Fischmarkt am Südufer an den Samstagen und Sonntagen im Dezember (9–12 Uhr).

Karte: ÖK 04324.

Das stattliche Schloss Sitzenberg von Osten.

Vom Hauptplatz in **Reidling (1)** die Martin-Exinger-Zeile entlang der Pfarrhofsmauer hinauf zur klassizistischen Pfarrkirche. Durch die Kirchengasse links an ihr und der Volksschule vorbei, dann den Kühbergweg aufwärts zur zweiten Gabelung. Halblinks auf unmarkiertem Fahrweg hinauf zu einem **Keller (2)** am Fuß des bewaldeten Kuhberges. Rechts vom Keller einen schönen Lösshohlweg steil nach Südosten empor zur Schulter des Kuhberges, danach weniger steil an den Höhenrücken des **Reidlingberges (3)** mit dem querenden, rot markiertem Fahrweg Nr. 475, dem »Großen Tullnerfelder Rundwanderweg«. Auf ihm, dem breiten Waldrücken folgend, nach rechts leicht bergab zur **Waldandacht (4)** an einer Verzweigung (Bänke).

Geradeaus den jetzt rot und gelb bezeichneten Fahrweg anfangs eben fort, dann halbrechts in weiten Schleifen nach Nordwesten hinab zu den Eggendorfer Feldern mit der Autostraße Reidling – Eggendorf.

Das Karpfen-Abfischfest Mitte Oktober am Ostufer des Sitzenberger Schlossteichs ist eine weitum bekannte Veranstaltung mit allerlei Spezialitäten, Weinverkostung und aufspielenden Blasmusikkapellen.

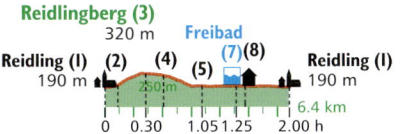

Auf dieser, am Waldrand entlang, eben nach links in das Ortsgebiet von **Eggendorf (5)** und dort bald zur Rechtsabzweigung eines gelb markierten Fußwegs gegenüber dem Haus Nr. 23. Auf dem breiten Weg durch Auwald rechts neben dem Reidlingbach eben nach Nordwesten zur Fischverkaufstelle Sitzenberg (nur im Dezember!) an der **Straße Reidling–Gutenbrunn (6)**.

Nach Überquerung von Bach und Straße jenseits auf breitem rot und gelb markiertem Weg (»Naturdenkmal Sitzenberger Schlossteich«, Themenlehrpfad »Vielfalt des Lebens«, Sitzenberger Karpfenlehrpfad) nahe dem Westufer des Schlossteichs durch Auwald eben zum **Freibad (7)** von Sitzenberg mit Kinderspielplatz, schattiger Liegewiese, Badesteg, Dusche, Buffet (an warmen Sommertagen) und Aufblick zum Schloss Sitzenberg). Über die Wiese, dann an Tennisplätzen vorbei zur Schlossbergstraße, die beim Feuer-

wehrhaus (links) erreicht wird. Nicht diese, sondern die Franz Wallner-Promenade über dem Nordufer zur Rechtsabzweigung der **»Teichpromenade« (8)**, geradeaus Einkehrmöglichkeit Gasthof Schmid. Den Naturfahrweg am Ostufer des Teichs entlang, an einem Fußballplatz (linker Hand) vorbei und wieder zur **Straße Reidling–Gutenbrunn (9)** am Südufer mit schönem Rückblick auf Teich und Schloss!

Links die rot und gelb markierte Autostraße (Gehsteig links) durch Felder sanft nach Osten aufwärts zu einer Anhöhe mit Häusern. Auf dem Fußweg links um diese herum wieder zur Straße und auf ihr (Gehsteig rechts) eben in das Ortsgebiet und zum Hauptplatz in **Reidling (1)**.

Das Freibad am Westufer des Sitzenberger Schlossteichs.

30 ▶ Rührsdorfer See und Seekopf

Von Rossatz zum See und auf den Berg ★★

Ein Feuchtbiotop und ein Luginsland über dem Donautal

»Ein See in der Wachau, nicht, dass ich wüsste«, so könnte wohl die Auskunft vieler lauten, die nach einem stehenden Gewässer in dem Gebiet befragt werden. Und doch gibt es sie, eine temporäre Lacke in erquickender Waldeinsamkeit: den orchideengeschmückten Rührsdorfer See im oberen Seegraben bei Rossatz. Zu ihm unterwegs wandert man viel im Wald, aber es werden auch Ausblicke auf die berühmte Wachauer Weinterrassen-Landschaft geboten. Ausgestattet mit mächtigem Aussichtsturm vermittelt der zuletzt erreichte Seekopf einen fabelhaften Rundumblick über das Donautal und seine malerischen Hauerorte bis zu den im Frühjahr noch schneeverbrämten Voralpen.

K U R Z I N F O

Ausgangspunkt: Parkplatz im Ortszentrum von Rossatz südlich von Kirche und Durchgangsstraße (B33), Markt, 225 m, am südlichen Donauufer gegenüber von Dürnstein. Bushalt.
Gehzeit: 3.30 Std.
Höhenunterschied: 450 m.
Anforderungen: Einfache Wanderung auf markierten Fahr- und Fußwegen.
Kinder: Der Besuch des Rührsdorfer Sees ist mit Besteigung des Seekopfs ein durchaus kindertaugliches Unterfangen, wenngleich die etwas zähe Straßenwanderung quer durch die Seekopf-Ostflanke an den Reserven rütteln kann. Dafür entschädigen jedoch die unberührte Natur rings um die Lacke und der durch eine Aussichtswarte erhöhte Gipfelausblick.
Einkehr: In Rossatz mehrere Gasthäuser und Heurige. Unterwegs keine Einkehrmöglichkeit!
Bademöglichkeit: Der Rührsdorfer See ist als geschütztes Biotop kein Badegewässer. Zum Baden und Sonnen findet man am idyllischen Sandstrand (Beachvolleyball, Spielplatz) in Rossatzbach bei der Fähre nach Dürnstein gute Bedingungen.
Gipfelmöglichkeit: Aus dem im Anstieg berührten Sattel, 470 m, kann links abzweigend der Waldgipfel des Mugler, 515 m, auf unbezeichneten Steigspuren erreicht werden. Gesamte Zusatzzeit: 30 Min.
Karte: F&B WK 071.

Vom Parkplatz in **Rossatz (1)** auf der B33 600 m in Richtung Melk zur Linksabzweigung eines Fahrwegs beim Friedhof (Bildstock). Diesen durch Weingärten nach Süden zum querenden Rossatzer Panorama- weg« am Bergfuß des Mugler. Am Waldrand nach rechts aufwärts zum rot markierten Fahrweg J (»Westlicher Jankerlweg«), dem man nach links folgt. Diesen im Wald hinauf zu aussichtsreicher **Schulter (2)** mit Bank. Einen seichten Graben in Südrichtung steiler hinauf zu einer Teilung. Links auf gutem Fußweg an Waldhängen nach Osten aufwärts, später eine Bergrippe nach rechts

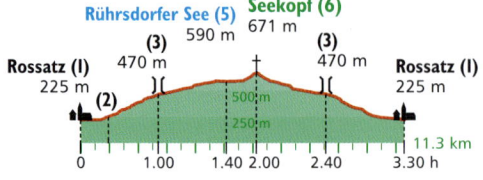

empor zu querender Forststraße und diese kurz nach links zur Verzweigung (geradeaus zu einer Lichtung mit toller Schau in das Donautal, auf Rossatz, Dürnstein, Vogel- und Schlossberg). Den Jankerlweg nach rechts (Osten) empor an einen steilen Waldrücken und diesen in Kehren hoch zu einem Aussichtspunkt, 300 m (Blick auf Dürnstein, Loiben, Stift Göttweig und Hollenburger Wetterkreuz). Am Rücken weiter, dann an den Waldhängen hinauf in einen Graben und dort zur Linkseinmündung eines blau bezeichneten Wegs. Mit ihm aufwärts zur querenden Forststraße am Sattel, 395 m, zwischen Mugler links und einer felsig-bewaldeten Erhebung rechts. Die blau bezeichnete Straße (Weg Nr. 3) am Westabhang des Mugler südwärts hinauf in den **Sattel (3)** zwischen Mugler und Seekopf.

Weiter entlang der Straße in langer Querung der ostseitigen Waldhänge des Seekopf-Massivs nach Südwesten aufwärts nacheinander zu der **Verzweigung (4)** der Fußwege auf Hirschwand und Seekopf (Weg Nr. 653), danach eben in die Grasmulde beim Feuchtbiotop **Rührsdorfer See (5)** mit Tisch und Rastbank.

Zurück zur **Verzweigung (4)** des blau und rot bezeichneten Wegs Nr. 653. Diesen durch Wald steil nach Westen aufwärts zum Gipfelrücken und über ihn nach rechts auf den **Seekopf (6)** mit einem neuen, 15 Meter hohen Aussichtsturm. Von der über Stiegen erreichbaren Plattform eindrucksvoller Rundumblick auf Wienerwald, Gutensteiner Alpen, Schneeberg, Türnitzer und Mariazeller Berge (Ötscher) sowie gute Tiefblicke auf die Ortschaften des Donautales.

Abstieg entlang der Anstiegsroute.

Die neue Aussichtswarte aus Holz und Stahl am Gipfel des Seekopfs.

31 Kupfertal

Auf alten Römerstraßen zum Türkentor ★

Spuren der Vergangenheit in einem Seitenast der Wachau

Aus Platzmangel und wegen der zahlreichen Hochwässer konnte zur Römerzeit das südliche Donauufer, der Donau-Limes als Nordgrenze des römischen Reiches, in seiner Gesamtheit nicht befahren werden. Der Zugang zu den Siedlungen am rechten Donauufer war durch Täler und Gräben nur über die Höhen des Dunkelsteinerwalds auf Stichstraßen möglich. Das Kupfertal bei Bacharnsdorf ist eines von ihnen. Neben dem murmelnden Bächlein entlang der alten Römerstraßen durch das Tal wandernd, erkennt man noch die uralte historische Pflasterung samt eingravierten Fahrrillen. Auf dem Retourweg kommen wir auch zum »Türkentor«, einer Bruchsteinmauer mit Balkenlöchern und Durchgangsöffnung, Rest einer spätmittelalterlichen Befestigungs- und Sperranlage, die 1529 unter Kaiser Ferdinand I. zum Schutz gegen den Ansturm der Osmanen errichtet wurde.

K U R Z I N F O

Ausgangspunkt: Bacharnsdorf, 206 m, zur Gemeinde Rossatz gehörender Ortsteil am Südufer der Donau. Bushalt. Parkplatz an der Donauuferstraße B 33, 250 m nordöstlich (Richtung Rossatz) von Bacharnsdorf.

Gehzeit: 2.10 Std.

Höhenunterschied: 260 m.

Anforderungen: Einfache Wanderung auf markierten Fuß- und Fahrwegen.

Kinder: Unsere Wanderung durch das romantische Kupfertal bereitet auch Kindern Vergnügen, wobei der lustig dahinplätschernde Dürrenbach zu Wasserspielen einlädt.

Einkehr: Unterwegs keine. In Bacharnsdorf mehrere temporär geöffnete Heurigenbetriebe; in Mitterarnsdorf der Gasthof »Zur Wachau« (1. Nov. bis 31. März geschlossen, sonst immer geöffnet, Mo. und Di. Ruhetag, Tel. +43 (0)2714 8217,

www.zeller-wachau.at), 500 m westlich von Bacharnsdorf.

Bademöglichkeit: Spitzer Freibad, mit der Donau-Rollfähre von Hofarnsdorf (ca. 1 km westlich von Bacharnsdorf) nach Spitz am Donau-Nordufer.

Variante: Von der alten Fischzuchtanlage (Teiche) im Talschluss des Kupfertales erreicht man, der Welterbesteig-Markierung folgend, südwärts durch einen steilen Waldgraben (Hohlweg), zuletzt auf Forststraße in einer knappen halben Stunde den Kreuzberg, 597 m (Holzkreuz, Bank), mit freier Schau über das Dunkelsteinerwald-Plateau hinweg bis zum Schneeberg.

Hinweis: Dem hier beschriebenen Anstiegsweg durch das Kupfertal (und weiter zum Kreuzberg) folgt der mit einem eigenen Markierungs-Logo versehene Welterbesteig Wachau: ein dunkles W mit Wellenlinie darüber auf weißem rundem Untergrund.

Tipp: Zu den Sehenswürdigkeiten in Bacharnsdorf gehören die Mauerreste des römischen Wachturms »Burgus« (370 n. Chr.), eines alten, ehemals dreigeschossigen Wacht- und Befestigungsturms mit quadratischem Grundriss an der römischen Donaugrenze »Limes« gegen die Germanen.

Karte: F&B WK 071.

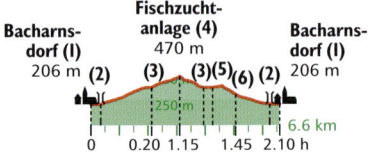

Bacharns-dorf (I) 206 m (2)   **Fischzucht-anlage (4)** 470 m (3) (3)(5)(6)   **Bacharns-dorf (I)** 206 m (2)

250 m   6.6 km

0   0.20 1.15   1.45 2.10 h

![Das Kupfertal mit seinen Felsbildungen]

Das Kupfertal mit seinen Felsbildungen erinnert an die Sächsische Schweiz.

Vom Parkplatz die B 33 in das Ortsgebiet von **Bacharnsdorf (1)** und zur Brücke über den **Dürrenbach (2)**. Vor ihr links ab und auf blau markiertem Asphaltsträßchen durch Weingärten zu einem Haus und weiter in das Kupfertal. Dort auf Fahrweg (»Unterer Römerweg«) im Wald aufwärts zur Grabenteilung mit Bank. Im rechten Ast zur Engstelle mit Felsformationen, danach zur Rechtseinmündung eines grün bezeichneten **Fahrwegs (3)**. Auf ihm (alte Schleif- und Fahrrillen aus der Römerzeit) in den Waldgraben geradeaus zu querender Forststraße und jenseits zur Verzweigung bei einem Marienbild am Baum. Links haltend durch den Graben weiter zur Lichtung im Talschluss bei den Teichen der alten **Fischzuchtanlage (4)**.

Zurück zur Abzweigung des grün bezeichneten Fahrwegs (3) und jetzt auf ihm über den Dürrenbach an die linke Talseite. Dort im Wald eben talaus zum **Türkentor (5)**. 50 m danach wird die Kupfertalstraße Mitterarnsdorf – Nesselstauden traversiert. Jenseits auf einer Forststraße (»Mühl-

bergstraße«) 200 m bis zu einer Verzweigung. Halbrechts den grün markierten Fahrweg (»Oberer Römerweg«; Fahrrillen!) nach Nordwesten bergab, dann im Wald einen Hohlweg hinunter und wieder zur **Straße (6)**. Auf ihr durch Weingärten 500 m bis zur Rechtsabzweigung eines asphaltierten Güterwegs. Auf diesem zur B 33 und zur Brücke über den **Dürrenbach (2)**. Von dort zurück zum Parkplatz bei **Bacharnsdorf (1)**.

32 ▶ Pielachtal-Enge und Sophienhain

Zum berühmten Flügelaltar in Mauer bei Melk ★

Natur- und Kulturgenuss abseits des Trubels

Ein beschaulicher Spazierweg führt von Haunoldstein bei Loosdorf nach Mauer im Dunkelsteinerwald. Er ist einfach, abwechslungsreich und berührt mehrere Gaststätten, somit ein Grund, diese Wanderung durch die Pielach-Enge ins Auge zu fassen. Wie viele Wandervorschläge in diesem Buch folgt auch diese Route einem Graben, hier ist es der Graben der gemächlich dahinfließenden Pielach. Zunächst durchwandern wir den Naturpark »Sophienhain«, eine einst von den Grafen Montecuccoli geschaffene, noch im Urzustand erhaltene Aulandschaft am Pielach-Durchbruch zu Füßen der Osterburg. Unser Ziel, der in einem Nebental gelegene Ort Mauer, hat seinen Namen einem noch im Frühmittelalter vorhandenen Mauerrest des römischen Grenzwalls Limes zu verdanken. Mauer besitzt darüber hinaus in seiner leider unvollendeten Pfarr- und Wallfahrtskirche »Maria am grünen Anger« einen wunderschönen, um 1510 aus Lindenholz geschnitzten Flügelaltar, von Kunsthistorikern als »bedeutendstes Altarschnitzwerk auf niederösterreichischem Boden« gewürdigt.

K U R Z I N F O

Ausgangspunkt: Ortszentrum von Haunoldstein, 250 m (Parkplatz, Kapelle), vom Bahn- und Bushalt Großsierning 1,3 km bzw. 20 Min. zu Fuß in Nordrichtung entlang der Autostraße.
Gehzeit: 4 Std.
Höhenunterschied: 220 m.
Anforderungen: Einfache Wanderung auf nicht immer markierten Fahr- und Fußwegen.
Kinder: Mit mehreren Rastplätzen und Einkehrmöglichkeiten ist die Wanderung auch mit Kindern zu empfehlen.
Einkehr: Gasthäuser in Haunoldstein, in Pielachhäuser, in Neuhofen sowie in Mauer.
Bademöglichkeit: Flussbad Haunoldstein, ein Naturbad am Pielach-

Wehr. Es ist frei zugänglich und verfügt über schöne Liegemöglichkeiten. Direkt neben dem Flussbad befinden sich ein Kinderspielplatz und eine Sportanlage mit Fußball-, Volleyball- und Tennisplätzen.
Bootsfahrten: Die romantische Talenge mit eigenem Schlauchboot zu befahren ist lohnenswert.
Variante: Von Mauer (Hinweistafel) aus Besuch der steinernen »Römerbrücke« im Seegraben bei Lanzing. Gesamter zusätzlicher Zeitaufwand: 1 Std.
Hinweise: Die Kirche in Mauer ist im Sommer täglich 8.30–18.30 Uhr geöffnet, im Winter 9–16.30 Uhr, Führungen nach Voranmeldung im Pfarramt (Tel. +43 (0)664 73090460). Die trutzige Osterburg nördlich über der Pielach-Enge ist in Privatbesitz.
Karte: F&B WK 071.

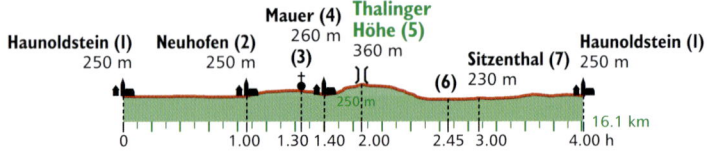

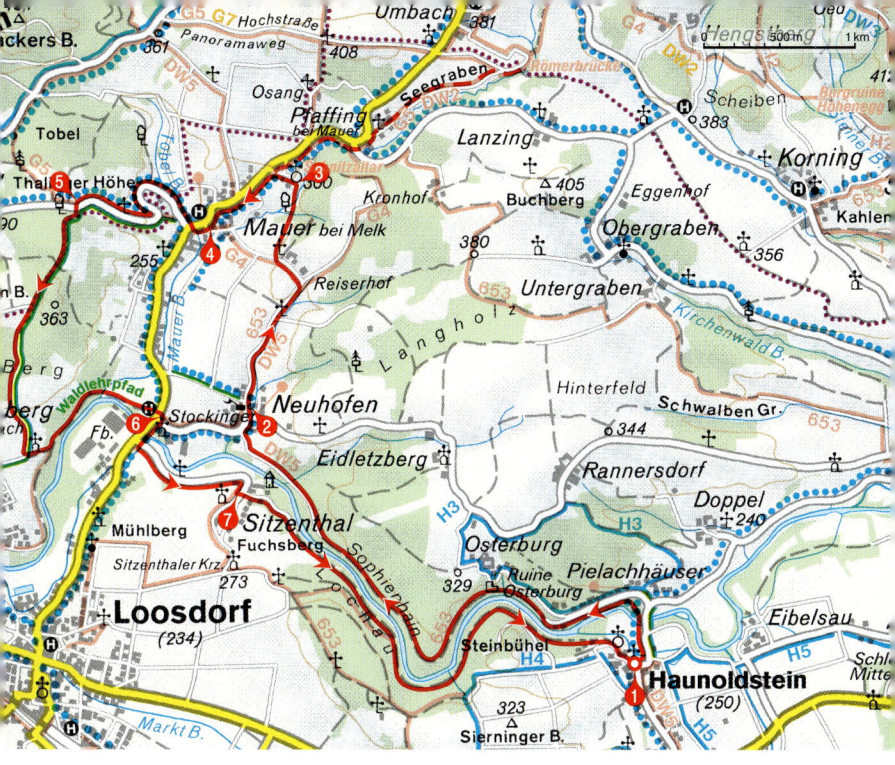

Von **Haunoldstein (1)** auf einer rot bezeichneter Asphaltstraße, an einer alten Mühle vorbei, nordwärts aus dem Ort, dann über Felder zur Pielachbrücke. Jenseits links ab und auf markiertem Fußweg an der Pielach entlang durch Auwald nach Pielachhäuser mit querender Asphaltstraße. Auf ihr (rot und blau-gelb-blau markiert) links haltend zum Ortsende, danach auf grasigem Fahrweg westwärts in den Wald. Entlang der Straße rechts der Pielach, unterhalb der Osterburg vorbei, durch die Talenge, danach durch die ursprüngliche Aulandschaft »Sophienhain«, zuletzt über Wiesen nach **Neuhofen (2)**. Auf einer Asphaltstraße nordwärts über Felder (Rückblick zur Schallaburg und zu den Alpen!) aufwärts zum Reiserhof. Vor ihm links ab und auf einer anderen Straße über eine Anhöhe

hinweg zu einer Verzweigung mit Kruzifix und Bank. Rechts den gelb bezeichneten Feldweg in Nordrichtung abwärts, später über einen Graben (Marienbild) und hinauf zu der abseits des Ortes stehenden **Kirche (3)** von Mauer mit berühmtem Schnitzaltar und barockem Hochaltar. Westwärts zu querender Asphaltstraße und auf ihr links haltend in das Ortszentrum von **Mauer (4)**. Dort die Durchgangsstraße 100 m nach links, dann die rechts, Richtung Melk (Tafel) abzweigende Straße in zwei Kehren nach Westen empor in den Sattel der **Thalinger Höhe (5)** mit schönem Blick auf das Stift Melk. Links ab und auf grün bezeichnetem Fahrweg durch Wald abwärts zu den Wiesen um das Örtchen Albrechtsberg bis zu einer Rechtskurve. Links ab und auf unbezeichnetem Weg im Wald nach rechts hinab zur Pielach und dort zu einem querenden, blau-gelb-blau markierten Weg. Auf ihm durch Auwald nach links zu einer Verzweigung und rechts haltend über Wiesen zur **Straße Loosdorf–Mauer (6)**. Auf ihr nach rechts über die Pielach, danach links ab und auf anderer Straße, an einer alten Mostpresse vorbei, ostwärts nach **Sitzenthal (7)**, einem Schloss mit schönem Park. 100 m nach rechts zur Linksabzweigung einer unmarkierten Forststraße. Auf dieser neben der Pielach wieder durch die Talenge zur Verzweigung beim Sternkreuz und auf einem Fahrweg geradeaus zum rot bezeichneten Weg Nr. 653. Auf diesem durch Wald zurück nach **Haunoldstein (1)**.

Die Osterburg über der Pielach-Talenge bei Haunoldstein.

Michaeler Höhenweg

33

Von Spitz über das Rote Tor nach St. Michael ★★★

Ein Schauweg über dem großen Strom

Zu den Top-Touren der von den Wassern der Donau geprägten Wachau gehört unbedingt der Michaeler Höhenweg zwischen den Orten St. Michael und Spitz. Nirgends steil oder beschwerlich, aber gespickt mit herrlichen Landschaftsbildern ist seine Begehung fast zu jeder Jahreszeit ein »Fest«. Malerische Bildstöcke, skurrile Felsformationen, charakteristische Terrassenweingärten, grünschillernde Smaragdeidechsen – fast schon ein Wappentier der Wachau –, Marillengärten, uralte Kirchen, schmucke Hauerorte und der ständige Tiefblick auf den großen Strom lassen das Herz jedes Natur- und Kulturfreundes höher schlagen. Und wer diese herrlichen Eindrücke auf Papier oder in Bits bannen möchte, der wird hier eine beachtliche Ausbeute machen können.

KURZINFO

Ausgangspunkt: Bahnhof, 210 m (Parkplatz), im unteren Ortsbereich von Spitz, 223 m, Markt und Winzerort links der Donau, im Zentrum der Wachau.
Gehzeit: 2.30 Std.
Höhenunterschied: 250 m.
Anforderungen: Bequeme Wanderung auf markierten Fußwegen und Forststraßen.
Kinder: Die Tour eignet sich hervorragend für gehfreudige Kinder. Vorsicht ist jedoch im Bereich der beiden felsigen Aussichtskanzeln am Michaelerberg geboten.
Einkehr: Unterwegs keine. Gasthöfe, Restaurants und Heurigenbetriebe in Spitz. Heurigenlokal in St. Michael (temporär geöffnet).
Bademöglichkeit: Donaustrand zwischen St. Michael und Spitz, Spitzer Freibad (Donaulände Spitz, Tel. +43 (0)2713 2289).
Bootsverleih: Möglichkeit von Kanu-Wasserwanderungen durch Donaubuchten, Seitenarme und Aulandschaften sowie Stand-up-Paddling (SUP) in der Donau. Kurse und Verleih der entsprechenden Gerätschaften bei Kanu-Wachau, Dürnstein-Oberloiben (Tel. +43 (0)664 1213723, www.kanu-wachau.at).
Gipfelmöglichkeit: Vom Kirchenplatz

im höher gelegenen alten Ortszentrum von Spitz lässt sich der Burgberg (»Tausendeimerberg«, 316 m, Rundsicht!) entlang des Welterbesteigs Wachau in 20 Min. besteigen.
Variante: An der Verzweigung, 392 m, nach der höchsten Stelle des Höhenwegs (WP 7) kann der Welterbesteig Wachau weiter bis nach Weißenkirchen (Rückkehr per Bus) verfolgt werden. Zusätzlicher Zeitaufwand: 2 Std.
Hinweis: Der hier beschriebene Wanderweg ist mit dem Logo des Welterbesteigs Wachau versehen – ein dunkles W mit Wellenlinie darüber auf weißem Untergrund.
Karte: F&B WK 071.

Der Winzerort Spitz im Zentrum der Wachau vor dem berühmten Tausendeimerberg.

Vom Bahnhof in **Spitz (1)** nordwärts durch den Ortsteil Teichbach zur Kremserstraße. Diese nach links zur Marktstraße und auf ihr empor zum **Kirchenplatz (2)**. Nordwärts durch die Rote-Tor-Gasse hinauf zur Schulter beim charakteristischen **Roten Tor (3)** mit Bildstock. Jenseits nun gemeinsam mit dem Welterbesteig Wachau (rot markiert, Welterbesteig-Logo) am Waldhang nach links hinab in das Mieslingtal und dort zur Asphaltstraße. Diese 150 m nach rechts zur **Abzweigung (4)** einer Forststraße scharf nach links hoch.

Auf ihr durch Wald in Kehren gegen den Atzberg (ostwärts) hinauf zu einer Verzweigung und rechts haltend zu neuerlicher **Gabelung (5)**. Geradeaus (links geht es zur Buschandlwand) den rot bezeichneten Michaeler Höhenweg (Welterbesteig-Logo, lokale Wegnummer 29) bald zum Stolleneingang eines aufgelassenen Kupferbergwerkes. Dann im schönen Eichen- und Föhrenwald, an den Abhängen des Michaelerbergs hinauf an den Südrücken und dort kurz nach rechts hinab zu einer ersten Aussichtskanzel. An den Hängen des Berges weiter bergauf, später durch eine Felszone zu einer weiteren **Aussichtskanzel (6)** rechts unterhalb. Nun durch Buschwerk und über Wiesen hinab zu einer **Verzweigung (7)** mit Tafel, an der der

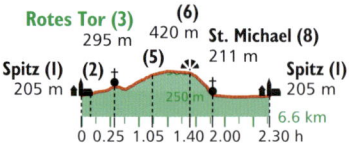

Welterbesteig nach rechts verlassen wird. Auf einem Fußweg über Wiesen und durch Buschwerk in Kehren weiter bergab, zuletzt über die Gleise der Donauuferbahn nach St. Michael (8).

Hinab zur Donauuferstraße (B 3) und jenseits eine Stiege hinab zum Treppelweg. Den Fahrweg am Donauufer nach rechts in den Ortsbereich von Spitz und dort, am Freibad vorbei, zur Schiffsanlegestelle beim Gasthof »Zwei Linden-Donauschlösserl«. Nun wieder nach rechts zur B 3 und jenseits unter den Gleisen der Wachauerbahn (Unterführung) hindurch zurück zum Parkplatz vor dem Bahnhof in Spitz (1).

Rückblick von der Aussichtskanzel am Michaelerberg auf Spitz, Tausendeimerberg und Jauerling.

34 ▶ Von Marbach nach Persenbeug

Auf dem Weitwanderweg Nibelungengau ★

Wanderfreuden nah und fern der Donau

Leicht beschuht mit Minimalausrüstung und Fotoapparat in Donaunähe zu wandern, das ermöglicht die hier vorgestellte Tour auf ideale Weise. Dabei geht es nicht immer nur dem großen Strom entlang, sondern in großer Schleife auch ins »Landesinnere«. Ein landschaftlicher Höhepunkt folgt dem nächsten, der erste ist bald nach dem Dörfchen Kracking erreicht, wo an weitschauender Bergecke der Blick auf Stift Melk, Maria Taferl und über die Donau hinweg zu den Alpen frei wird. Einem schockierenden Einblick in den Canyon des Hartsteinwerks Loja folgt die abschließende »Ehrenrunde« um das brettebene Schwemmland der Gottsdorfer Scheibe (auch »Ybbser Scheibe« genannt) herum. Die Gehstrecke ist nicht von ungefähr zum Teilstück des im Juni 2014 eröffneten Weitwanderwegs Nibelungengau auserkoren worden, der ein wichtiges Bindeglied zwischen dem Donausteig (von Passau nach Sarmingstein) und dem Welterbesteig Wachau (zwischen Krems und Melk) darstellt. Wer zeitig im Frühjahr nach einer perfekten Eingehtour Ausschau hält: Hier ist sie!

KURZINFO

Ausgangspunkt: Schiffsanlegestelle am Donauufer in Marbach, 212 m (Panorama- und Standorttafel, Parkplätze, Bushalt).

Endpunkt: Persenbeug, 230 m (Bushalt), Markt 7,5 km westlich von Marbach an der Donausschleife gelegen. Rückfahrt nach Marbach mit dem Bus 7721 (Achtung, letzter Bus um 18 Uhr, kein Wochenendbetrieb) oder Taxi (Taxi Sitz, Lerchenstraße 25, A-3380 Pöchlarn, Tel. +43 (0)676 5256340 bzw. Taxi Heinrich Jagsch, Obererla 15, A-3672 Maria Taferl, Tel. +43 (0)676 3185742).

Gehzeit: 4.45 Std.

Höhenunterschied: 370 m.

Anforderungen: Etwas lange, aber problemlose Wanderung auf einheitlich markierten (Logo des Weitwanderwegs Nibelungengau, eine weiße Scheibe mit dunklem W) Fuß- und Fahrwegen. Wenig Asphalt, fast bei jedem Wetter möglich.

Kinder: Auch mit Kindern empfehlenswerte Tour. Mehrere Einkehrmöglichkeiten unterwegs. An warmen Sommertagen wird ein Besuch des Badeteichs Persenbeug-Gottsdorf empfohlen.

Einkehr: Mehrere Gastbetriebe in Marbach und Persenbeug; Pizzeria Rialto in Granz (ganzj. 10.30–23 Uhr geöffnet, kein Ruhetag, Tel. +43 (0)7413 22984, www.pizzarialto.at); Gasthof Hannl »Zum goldenen Groschen« (8 B., ganzj. geöffnet, Di. Ruhetag, Tel. +43 (0)7412 52443) und Fischwirtshaus Landmotel »Die Donaurast« (19 B., geöffnet 1. März bis 30. Nov., So., Di. und Mi. Ruhetag, im März, April, Okt. und Nov. So. und Mi. Ruhetag, Tel. +43 (0)7412 52438, www.donaurast.com), beide an der B 3 in Metzling; Kirchenwirt in Gottsdorf (ganzjährig Mo., Mi., Fr., Sa. und So. 9–14 Uhr, Do. 17–24 Uhr geöffnet, Di. Ruhetag, keine Nächtigung).

Bademöglichkeit: Bademöglichkeit im 3 ha großen Badeteich Persenbeug-Gottsdorf (9–21 Uhr geöffnet) sowie am Donauufer der Gottsdorfer Scheibe.

Hinweis: Die Markierung des Weitwanderwegs Nibelungengau besteht aus einer dunklen Welle auf weißem rundem Untergrund.

Karte: F&B WK 071.

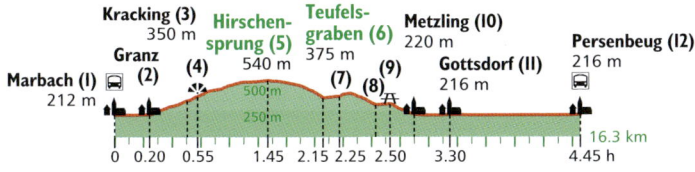

Rückblick aus der Umgebung von Kracking auf die Donau mit der Wallfahrts-kirche Maria Taferl (links).

Von der Schiffsanlegestelle **in Marbach (1)** auf Fahrweg (»Treppel-weg«) am Donauufer nach Westen zum Hafen, danach zum Camping-platz. Bei einer Schranke nach rechts zur Donauuferstraße B3 und diese kurz weiter in den Ortsbereich von **Granz (2)**. Bei der Pizzeria Rialto rechts ab und auf der Krackinger Straße, unter der Donauuferbahn durch, nach Nordwesten aufwärts zur Gabelung am Ortsende. Links durch Wiesen weiter bergauf, zu-letzt westwärts in das Ortsgebiet von **Kracking (3)** und dort zur Ver-zweigung bei den obersten Häusern. Links auf leicht steigendem Fahrweg (»Mühlbergweg«) südwestwärts aus dem Ort, danach durch Wiesen und Obstgärten zur Gabelung an der Standorttafel »Kracking«. Rechts den Naturfahrweg nach Westen hin-auf zum **Aussichtspunkt (4)**, 390 m (Hochstand), mit zwei Bänken am Bergrücken vor dem Tümlinggraben. Blick nach Osten zur Wallfahrtskir-che Maria Taferl und auf Stift Melk, nach Süden zur Donauschleife um

123

die Gottsdorfer Scheibe mit den Alpen dahinter.

Auf Fahrweg den runden Waldrücken zur Rechten des Tümlinggrabens in Nordrichtung bergauf, später leicht bergab in einen Wiesensattel und dort die Forststraße geradeaus zu einer Gabelung. Rechts den aufwärts führenden Fahrweg im Wald zu einer querenden Forststraße, diese links haltend zu einer Teilung und nochmals links (westwärts) leicht fallend zur Waldwiese im oberen Tümlinggraben. Auf dem Fahrweg geradeaus wieder in den Wald, dort im Linksbogen über einen Bach und kurz hoch zur Verzweigung vor eingezäunter Wiese. Links haltend neben der Wiese eben zum **Hirschensprung (5)**, ein kleiner Granitblock an der höchsten Wegstelle.

Auf dem nun blau markierten Fahrweg in Südrichtung eben über ein weites Waldplateau, dann leicht fallend zu querender Forststraße vor dem Großen Mühlberg. Auf ihr rechts haltend in den Waldgraben des Lojabachs. Links von ihm steiler nach Süden bergab zu einer Schranke, danach zur Gabelung an der Rechtseinmündung des **Teufelsgrabens (6)**. Die Naturstraße geradeaus über den Lojabach an die rechte Grabenseite und dort gegenüber der »Wunde« des **Loja-Hartsteinbruchs (7)**, an Waldhängen leicht bergauf zur Verzweigung bei einem Aussichtspunkt über das Steinbruchsgelände. Rechts ab (!) und auf einem Fahrweg an den Abhängen des Eichberges über einen Jungforst (Alpenblick, Rückblick auf Maria Taferl, Stift Melk und Jauerling!) nach Südwesten hinauf zu einer Anhöhe und jenseits bergab nach **Rottenhof (8)**. Durch das Dörfchen hinab zu querendem Fahrweg (rechts zum nahen Schloss Rottenhof, 17. Jh.) am unteren Ortsrand. Den Fahrweg am Waldrand nach links aufwärts zur Gabelung bei der Steinskulptur **»Naturfreunde-**

Schloss Persenbeug vom südlichen Donauufer.

stein« (9) mit Donautalblick (Rast-platz). Nun rechts ab und auf einem Naturfahrweg ostwärts in einen Waldgraben. Diesen steiler hinunter zur Streusiedlung Rosenbichl und dort auf Asphaltstraße (bei Gabelung rechts!) abwärts, zuletzt unter der Bahn hindurch nach **Metzling (10)** am Donauufer.

Auf der Donauuferstraße B 3 auf dem Gehsteig 120 m nach links, dann den Radweg 30 m nach rechts zu nächsten Verzweigung. Links auf schönem Naturfahrweg (»Treppelweg«) am Donauufer neben dem Auwald eben nach Süden, später durch eine Allee aus mächtigen Bäumen nach **Gottsdorf (11)** mit Standorttafel. Die querende asphaltierte »Donaustraße« links haltend zur Pfarrkirche und zum Kirchenwirt, da-

nach aus dem Ort hinaus. Am Rande des brettebenen Schwemmgebiets der sogenannten »Scheibe« nach Süden, später links ab und auf dem »Treppelweg« im Auwald nahe dem Donauufer im weiten Rechtsbogen weiter, bis das Ufer bei einem großen Bauernhof (Schafzucht) nach rechts verlassen wird. Einem Feldweg am Rande des Auwalds folgend nach Westen, später hinab zum Donauufer und dort nach Hagsdorf, 223 m. Am Ortsrand nahe dem Donauufer zur Uferpromenade und auf ihr in langer Gerade nach Persenbeug und dort zur Donaulände in **Persenbeug (12)** mit Bänken, Trinkwasser, WC, Panorama- und Standorttafel und Parkplatz.

Rückfahrt nach Marbach per Bus oder Taxi.

35 ▶ Ysperklamm

Vom Forellenhof zum ehemaligen Ödteich ★★

Romantische Felsklamm mit gischtenden Wasserfällen

Die Ysperklamm erstreckt sich über eine mehr als 300 m hohe Felsentreppe von den Höhen des Weinsberger Waldes bis hinunter ins Yspertal. Zahlreiche einzelne Wasserkaskaden, wobei der größte Einzelfall nicht mehr als etwa 5–6 m Höhe hat, stürzen sich ins Tal und sind insgesamt wohl die größten und spektakulärsten Wasserfälle des gesamten Waldviertels. Mit dem Wasserschwall des ehemals gestauten Ödteichs wurden bis in die Mitte des letzten Jahrhunderts die in den umliegenden Wäldern gefällten Baumstämme über den Abgrund hinab zur Donau befördert und von dort auf Flößen weiter nach Wien. Es ist wirklich erstaunlich, wie die Tausenden Baumstämme durch diese enge Schlucht gebracht wurden! Verantwortlich dafür sind unter anderem die immer noch erkennbaren »Uferschlachtbauten«, mit denen der Bach in ein enges Bett gezwängt wurde und die so die Holztrift ermöglichten. Heute kann sich der Wanderer auf gut angelegten Steigen am Rauschen des Wassers und der Kühle der Felsschlucht erfreuen.

KURZINFO

Ausgangspunkt: Gh. Forellenhof in Humpellehen, 551 m (ganzj. geöffnet, Mi. und Do. Ruhetag, Tel. +43 (0)7415 7349, www.forellenhof-ysperklamm.at, keine Nächtigung). Bus wochentags von Ybbs. Parkplatz.

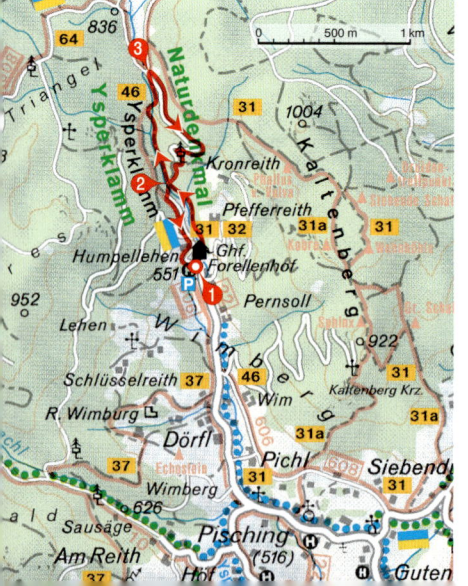

Gehzeit: 1.45 Std.
Höhenunterschied: 280 m.
Anforderungen: Wanderung auf gut abgesicherten Steigen. Trittsicherheit erforderlich! An den oft feuchten Felsen oder Holzstiegen der Klamm ist Vorsicht geboten.
Kinder: Wegen der abwechslungsreichen Wegführung über Brücken und Holztreppen entlang des Baches durch einen märchenhaften und bemoosten Wald, ist diese Wanderung – bei entsprechender Vorsicht – auch für Kinder gut geeignet.
Einkehr: Unterwegs keine.
Bademöglichkeit: Fußbäder im unteren Bereich der Ysperklamm. Naturbadeteiche bei Ysper (Puschacherteich, Waldteich und Teich beim Schloss Rorregg).
Hinweis: Wer die Ysperklamm nur als Auftakt für einen schönen Wandertag empfindet, dem sei die Wanderung von der Unterstandshütte weiter zu den mystischen Steinformationen am Kaltenberg empfohlen (»Druidenweg«, Nr. 31). Abstieg über das Kaltenbergkreuz nach Wim und zurück zum Gh. Forellenhof. Gesamte Gehzeit: 4 Std.
Karte: F&B WK 071.

Vom Parkplatz beim Gasthaus Forellenhof (1) den rot bezeichneten Weg 31 bzw. 32 ostwärts auf kleinem Steg über die hier ruhig fließende Ysper. Auf gut angelegtem Weg nun rechts von ihr vorerst über Wiesen, dann durch einen mit riesigen Felsblöcken durchsetzten Wald in Nordrichtung aufwärts. Über Holzstiegen und kleinen Leitern zwischen den hier liegenden Felsen hindurch und entlang des noch über niedrige Felsstufen fließenden Baches den stark verblockten Wald weiter aufwärts. Gelegentlich sind noch die alten Uferschlachtbauten zu erkennen, die den Bach in ein Bett zwangen, um die bei der Holzschwemme abgelassenen Baumstämme ohne größere Verklausung zu Tal zu leiten. Schließlich erreicht man bei einem querenden Karrenweg die Rote Reithbrücke (2).

Nun steiler auf teilweise ausgesetztem und rutschigem Pfad entlang des stäubenden Baches über Brücken und Leitern aufwärts, wobei mehrmals das Ufer gewechselt wird. Nach einem engen Felsdurchlass (Leiter) verflacht sich die Klamm und man erreicht die Ödteich-Forststraße mit Unterstandshütte (3), 830 m. Bachaufwärts sind die Reste des ehemaligen Ödteichs zu erkennen, dessen Damm im Jahre 1956 gebrochen ist, sodass der See seither leer ist.

Der Abstieg entlang des Aufstiegs ist möglich, bei starker Besucherfrequenz (Wochenenden) wegen der oft engen Wege und Leitern aber nicht zu empfehlen.

Den »Leichten Abstieg« auf Weg Nr. 32 (Pfeil Forellenhof) von der Unterstandshütte in südlicher Richtung die Forststraße sanft abwärts, nach einer Kehre einen schmäleren Karrenweg in mehreren Kehren hinab

Am Steig durch die Ysperklamm.

zur Roten Reithbrücke (2). Über die Große Ysper auf ihr rechtes Ufer und den Karrenweg westlich des Baches weiter abwärts. Zuletzt einen asphaltierten Güterweg über freie Wiesen in einigen Windungen hinab zum Gasthof Forellenhof (1), der auf seinen Sonnenterrassen zu einer stärkenden Jause einlädt.

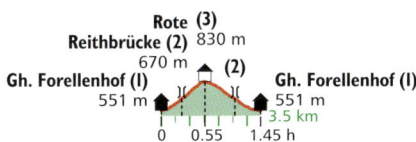

36 ▶ Stillensteinklamm

Von Struden durch die Klamm zur Aumühle ★★

Großartige Felsklamm mit lieblichem Ausklang

Eine der eindrucksvollsten Klamm-Wanderungen nördlich der Donau ist jene zum Stillen Stein im Gießenbachtal und weiter zur Aumühle. Nach einer geruhsamen Einstimmung im engen Gießenbachtal gelangt man zu den lebhaften Wasserkaskaden unterhalb des Stillen Stein. Ein gewaltiges Felsdach – die Steinerne Stube – schließt das Tal ab. Hier wurde der Gießenbach in grauer Vorzeit durch einen Bergsturz (»Stiller Stein«) verschüttet. Seitdem ist nur das Grollen der sich in der Tiefe durchzwängenden Wassermassen zu hören. Gleichsam als Kontrapunkt geht es anschließend entlang eines verträumten Sees durch ein grünes Waldtal zur gastfreundlichen Aumühle.

KURZINFO

Ausgangspunkt: Donauparkplatz, 233 m, an der Mündung des Gießenbaches in die Donau (Bahnviadukt), 2,5 km von Grein, 239 m (Bahn-, Bus- und Schiffstation) und 700 m von Struden, 232 m, entfernt. Bushalt.
Gehzeit: 2.45 Std.
Höhenunterschied: 190 m.
Anforderungen: Wanderung auf gut bezeichneten Wegen. Trittsicherheit nötig!

Einkehr: Gasthof Aumühle (50 B., ganzj. geöffnet, Ruhetage siehe www.aumuehle.at, Tel. +43 (0)7268 8130). Jausenstation Gießenbachmühle (geöffnet 1. April bis 31. Okt., Sa., So. und Feiertage 10–20 Uhr, übrige Tage 14–20 Uhr, Mo. Ruhetag, Tel. +43 (0)660 4846794).
Bademöglichkeit: In den Tümpeln und Kehrwassern des Gießenbaches. Bequemer im kleinen Stausee oberhalb der Steinernen Stube.
Hinweis: Wer die Wanderung bei der Aumühle abbricht, kann mit dem Bus zur Gießenbachbrücke zurückkehren (mehrere Fahrten täglich, Umsteigen in Grein, www.postbus.at).
Variante: Über den Jägersteig: Vom Rastplatz bei der Steinernen Stube (WP 5) nach Osten den Jägersteig hinauf nach Achleiten, dann auf bequemen Wegen durch die bewaldeten Westhänge des Gießenbachtales hinab nach Struden. Von dort entlang der Donauuferstraße (Gehweg) stromaufwärts zum Ausgangspunkt; zusätzlicher Zeitaufwand: 1 Std.
Tipp: Bei der Anreise mit der Bahn nach Grein kann die Wanderung bereits am Stadtplatz in Grein begonnen werden. Zugang auf Weg Nr. 9 über den Werfensteinblick zur Gießenbachmühle. Rückweg vom Gasthof Aumühle auf Weg Nr. 7 durch die Mühlviertler Hügellandschaft nach Grein; gesamter Zeitaufwand: 4.30 Std.
Karte: F&B WK 052.

Im Gießenbachtal.

Vom kleinen **Donauparkplatz (1)** unterhalb des Eisenbahnviadukts (Gießenbachbrücke), vorbei am alten Mühlenrad, auf einem Güterweg das von steilen Felsen gesäumte Gießenbachtal einwärts zu einer Wegabzweigung. Links (Weg Nr. 9) auf einem an der Felswand befestigten **Holzsteg (2)** über den quirligen Gießenbach und am Fuß von steil aufragenden Felsen hinauf zu einem querenden Karrenweg. Rechts haltend, hoch über dem sehr lebendigen und verblockten Bach talein zu einer **Forststraße (3)**. Auf ihr wiederum nach rechts mäßig bergan zu ihrem Ende und nun steiler hinauf zu einer **Brücke (4)** über den Bach. Über das stäubende Gewässer hinweg und jenseits links hinauf, vorbei an mehreren Wasserkaskaden zu einer weiteren Brücke, wo der Gießenbach, das Tal herabkommend, nach seiner unterirdischen Fließ-

strecke erstmals wieder an die Oberfläche tritt. Nach der Brücke in steilen Windungen hinauf auf den von einem gewaltigen Felsblock überdachten Rastplatz der **Steinernen Stube (5)** mit der Abzweigung des Jägersteigs (siehe Variante), wo man von dem gequälten Bach nur sein Grollen in der Tiefe des Berges vernimmt.

Durch die stark verblockte Schlucht (auch »Stiller Stein« genannt), begleitet vom Rauschen des unterirdisch fließenden Bachs, zu einer zum Baden einladenden felsigen Sitzbadewanne. Bei einer Brücke er-

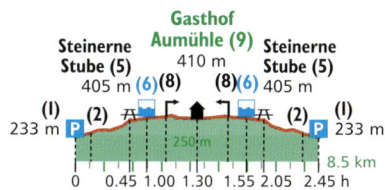

129

reicht man das Ende der Versturzzone und steigt links nach Westen hinauf zu einem Güterweg mit Rastplatz. Auf der Trasse der unterirdisch verlegten Triebwasserleitung eines Kleinkraftwerkes eben nach Norden zum Einlaufbauwerk an einem idyllisch gelegenen **See (6)**.

Entlang seinem westlichen Ufer weiter zu einer Brücke, über sie auf das östliche Ufer und entlang des ruhig dahinströmenden Baches zu einem **Güterweg (7)**. Auf ihm links haltend bis zur Brücke über den Gießenbach, knapp davor rechts ab **(8)**, Pfeil, und durch Wald in ein Seitental. Der dort rechts abzweigende Weg nach Struden bleibt unberücksichtigt und entlang des Waldrandes zu einem asphaltierten Güterweg. Diesen nach links zur Hauptstraße und auf ihr rechts zum nahen **Gasthof Aumühle (9)**.

Rückweg wie Aufstieg.

Oben: Burg Werfenstein bei Struden an der Donau.
Unten: Die Wassermühle am Gießenbach beim Donauparkplatz.

Wassererlebnisweg an der Pulkau

37

Über die Hammerschmiede zum Hochkogel ★

Durch den kühlen Grund der Pulkau

Dort, wo vor etwa 20 Millionen Jahren die Felsmassen der Böhmischen Masse nach Osten sanft in das tropische Meer der sogenannten Eggenburger Bucht, eines Teils des Urmeers, eintauchten und durch die zahlreichen Meeresablagerungen die Grundlage für das heute überaus fruchtbare Weinviertel geschaffen wurde, liegt das liebliche Weinhauerstädtchen Pulkau. In dieser vorzeitlichen Küstenregion, die heute die Grenze zwischen dem Wald- und dem Weinviertel bildet, hat sich der Pulkaubach tief in die Granit- und Gneisformationen des Waldviertels eingegraben. In dem schluchtartigen Tal finden sich nicht nur zahlreiche alte Mühlen, sondern auch – gleichsam als Wächter über dem Tal – die Reste der geheimnisvollen Ruine Neudegg. Je nach Wetterlage kann man die Wanderung im nahen Waldbad oder beim Heurigen in einem der vielen Weinkeller beenden.

KURZINFO

Ausgangspunkt: Sonnenwaldbad, westlich des Ortszentrums von Pulkau, 273 m, Wein- und Kulturstadt im westlichen Weinviertel, zwischen Retz und Eggenburg (Bushalt). Parkmöglichkeit am Waldbad. Vom Ortszentrum 1,5 km zum Sonnenwaldbad.

Gehzeit: 2.15 Std.

Höhenunterschied: 120 m.

Anforderungen: Einfache Wanderung auf oft verwachsenen Wegen. Sporadische Markierungen.

Einkehr: Unterwegs keine. Gasthöfe und Heurige in Pulkau (www.pulkau.gv.at/tourismus), Buffetbetrieb im Waldbad.

Bademöglichkeit: Solarbeheiztes Sonnenwaldbad Pulkau mit großer Liegewiese, Kinderbecken (geöffnet von Mai bis Sept. 10–19 Uhr, Tel. +43 (0)664 4504719).

Variante: Der beschriebene Weg ist wegen der Bründlkapelle und des Quellenwegs interessanter, wer jedoch die Bründlkapelle (an der Straße) bereits kennt oder nach der Tour mit dem Auto dorthin fahren möchte, geht besser vom Gipfelkreuz des Hochkogels in Nordrichtung (links), später nach Osten auf gut angelegtem Weg Nr. 2 durch die zur Pul-

kau hin steil abfallende Flanke zu einer Fußgängerbrücke über die Pulkau. Vor der Brücke rechts auf rot bezeichnetem Weg entlang des Baches zum Asphaltsträßchen vor dem Campingplatz. 10 Min. Zeitersparnis.

Hinweis: Lohnend ist auch eine Wanderung auf die nördliche Talseite, vom Gehöft (WP 2) über die felsige Teufelswand zum Lönsstein (Gedenkstätte an den Schriftsteller Hermann Löns) und zur Pulkauer Aussichtswarte. Retour wie Aufstieg oder durch die Weingärten nach Pulkau. Gehzeit: 1.45 Std.

Tipp: Von der letzten Furt, vor der Wegteilung (WP 5), kann man in westlicher Richtung entlang von Steigspuren zur Ruine Neudegg mit ihrer hohen Bruchsteinmauer und Rundbogenfenster aus dem 12. Jh., ansteigen. Gehzeit: 25 Min.

Achtung: Nach starken Regenfällen sind die Furten im Pulkautal überflutet.

Karte: F&B WK 073.

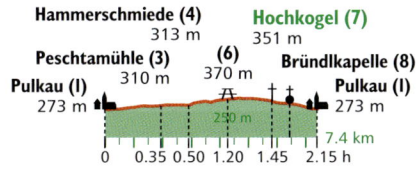

Blick über Weingärten zum Hauerstädtchen Pulkau.

Vom Parkplatz beim Waldbad von **Pulkau (1)** die Straße wenige Meter nach rechts (Nordosten), dann links ab (Pfeil Ruine Neudegg, Nr. 1, 6) und auf Güterweg über Wiesen zu einem großen **Gehöft (2)** (rechts zweigt der Weg Nr. 3 zur Teufelswand ab). Scharf links zur Pulkau und entlang dieser (links zweigt der Weg Nr. 2 zum Hochkogel ab) auf unbefestigter Straße taleinwärts. Das stark gewundene Tal zu Füßen der Teufelswand weiter zur **Peschtamühle (3)** und kurz darauf zu einer bei Hochwasser unpassierbaren Furt. Weiter zu einer Talweitung, wo rechts der Passendorfer Bach einmündet und kurz darauf zur ehemaligen **Hammerschmiede (4)**. Der nun zunehmend verwilderte Weg leitet durch eine Furt zu einer Wiese (rechts Abzweigung auf Steigspuren zur Ruine Neudegg) und entlang des Ufers der Pulkau und über eine weitere Furt zu einer **Wegteilung**

(5) am rechten Ufer der Pulkau (Pfeile). Nun scharf links auf einem alten, oft feuchten Karrenweg durch Wald hinauf zur Hochfläche mit einem schönem **Rastplatz (6)** am Rand der Felder (Bänke).

Rechts haltend auf breitem Feldweg Nr. 1 in weitem Linksbogen um eine Hügelkuppe herum und bei einer Verzweigung auf Weg Nr. 6 am Oberrand der Weingärten in Ostrichtung geradeaus weiter. Auf Karrenweg am Rande eines Waldes erst eben, später sanft abwärts zum Gipfel des **Hochkogel (7)**, 351 m, mit weißem Betonkreuz (keine Aussicht). Vom Gipfelkreuz auf schmalem Steig in Südrichtung (Richtung des Kreuz-Querbalkens) über aufgelassene Weinterrassen abwärts zu einem begrünten Karrenweg. Am Rand ausgedehnter Weingärten erst eben, dann sanft aufwärts zur Pulkauer **Bründlkapelle (8)** an der Straße nach Horn, Wallfahrtsort aus

der Zeit der Pestepidemie um 1680. Von der Einsiedelei nördlich der Kapelle den Quellenweg durch das Bründltal abwärts. Erst auf dem schmalen Steig eines Waldlehrpfads, später entlang des Baches (teilweise Geländer) und über Betonstufen das gewundene und sehr romantische Tal abwärts zu einem Gehöft, unter dem der Bach verschwindet. Auf dem nun ansetzenden Asphaltsträßchen weiter, an mehreren Siedlungshäusern sowie dem Campingplatz vorbei und zurück zu unserem Ausgangspunkt beim Waldbad von **Pulkau (1)**.

Auf dem Quellenweg geht's durch das Bründltal zurück nach Pulkau.

38 ▶ Nationalpark Thayatal

Am Thayatalweg von Hardegg nach Merkersdorf ★★★

Abschalten, für eine Reise in eine andere Welt

Wer bei Hardegg in die üppig grünen Schluchten der Thaya eintaucht, der fühlt sich alsbald in eine andere Welt versetzt. Die Zeugen der Zivilisation verschwinden allmählich und die vielfältigen Geräusche der Natur, der Tiere und des Flusses treten markant in den Vordergrund. Eine erholsame Rast auf einer sonnigen Wiese am Ufer der Thaya, wo einen kein Laut an die zurückgelassene Zivilisation erinnert und das leise Glucksen des Flusses sowie das neugierige Zirpen der Vögel in den Schlaf begleiten, dort erwartet uns Erholung pur.

Bis zum Fall des Eisernen Vorhangs im Jahr 1989 war diese Region Sperrgebiet und kaum ein Wanderer konnte sich hineinwagen. Obwohl dieser vergangenen Epoche kaum etwas Positives abzugewinnen ist, ist sie doch die Ursache dafür, dass sich hier Pflanzen und Tiere vom Menschen ungestört entwickeln konnten und eine der artenreichsten Tallandschaften erhalten geblieben ist. Die unmittelbar darauf folgende Gründung eines grenzüberschreitenden Nationalparks war eine logische und sinnvolle Maßnahme.

Auch Geschichtliches gibt es hier einiges zu entdecken – im Mittelalter war die Thaya-Grenze zwischen Österreich und Böhmen Schauplatz zahlreicher Grenzkonflikte. Nirgendwo sonst in Österreich finden sich auf engstem Raum derart viele Burgen wie entlang der Thaya. Burg Hardegg, Ruine Neuhäusl in Tschechien (Nový Hrádek) sowie die Ruine Kaja können im Zuge dieser Wanderung gesehen und teilweise auch besichtigt werden.

Der berauschende Gang durch diese »Grüne Hölle« endet erst bei der stolzen Feste Kaja im märchenhaften Tal des Kajabaches, wo man wieder menschlichen Siedlungsraum betritt.

Die stolze Burg Hardegg, Grenzfeste an der Thaya.

KURZINFO

Ausgangspunkt: Nationalparkzentrum Thayatal-Podyjí 2 km südlich von Hardegg, 419 m (Bushalt, Parkplatz), Nationalparkgemeinde und kleinste Stadt Österreichs. Grenzübertritt nach Tschechien über die Thayabrücke nur für Wanderer und Radfahrer.

Gehzeit: 3.45 Std.

Höhenunterschied: 370 m.

Anforderungen: Einfache Wanderung auf gut bezeichneten Steigen. Am steinigen Thayaufer und am Überstieg Trittsicherheit erforderlich.

Kinder: Für Kinder sind vor allem die vom Nationalparkzentrum veranstalteten Themenwanderungen zu empfehlen wie z. B. Kinderführungen, Ostereiersuche, Waldzwerge auf Wanderschaft, junge Naturforscher gesucht etc.

Einkehr: Gasthof Hammerschmiede, Vorstadt Nr. 8, an der Straße nach Felling (10 B., ganzj. geöffnet, Di. Ruhetag, Tel. +43 (0)2949 8263, www.gasthof-hammerschmiede.com), Gasthof Thayabrücke (keine Nächtigung, geöffnet Anfang April bis Anfang Okt., Mi. Ruhetag Tel. +43 (0)664 9197765, www.thaya-bruecke.at), alle in Hardegg. Café-Restaurant im Nationalparkhaus (geöffnet 10–18 Uhr, Mo. Ruhetag, außer Juni bis Sept.).

Bademöglichkeit: Wildbaden in der Thaya im Bereich des Einsiedlerfelsen. Walderlebnisbad Hardegg. Geöffnet Juni (nur an Wochenenden), Juli, August 10–19 Uhr, Tel. +43 (0)680 2171808.

Variante: Einen großartigen Blick auf Hardegg und das Thayatal genießt man vom Henner, 426 m. Zugang auf Weg Nr. 6, vom Weg nach Hardegg rechts ab. Zusätzlicher Zeitaufwand: 30 Min. (hin und zurück).

Hinweis: Achtung! Bei Hochwasser ist der Thayatalweg nicht zu begehen. Durch den Schwellbetrieb des Kraftwerkes Vranov kann es zu unverwartet großen Wasserführungen kommen.

Wer sich den Rückweg entlang der Straße sparen will, kann ab dem Kaja-Parkplatz den Taxidienst unter Tel. +43 (0)664 4239199 oder +43 (0)664 2806970 bestellen. Zeitersparnis 50 Min.

Tipps: Feste Kaja, versteckt gelegen im einsamen Kajabachgraben, einem Nebental des Thayatals. Die Burg war Teil der mächtigen Befestigungskette an der Thaya und im 13. Jh. zeitweise von Böhmenkönig Ottokar bewohnt. Führungen gegen telefonische Voranmeldung unter Tel. +43 (0)2948 8450. Geöffnet 1. Mai bis Ende Okt. Sa., So., Feiertag 10–17 Uhr. Sehenswerte Ausstellungen im Nationalparkhaus. Geöffnet tägl. von Ende März bis Ende Sept. 9–18 Uhr, im Okt. 10–17 Uhr. Tel. +43 (0)2949 7005, www.np-thayatal.at. Wildkatzengehege.

Karte: F&B WK 073.

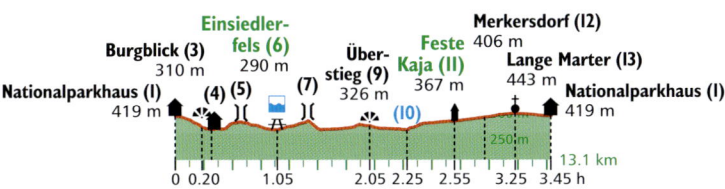

Vom **Nationalparkhaus (1)** zur Landstraße und diese nach links zu einer deutlichen Linkskehre. Den Wanderweg Nr. 2 (Kirchensteig, blau bezeichnet) geradeaus weiter zur **Rechtsabzweigung (2)** des Wegs Nr. 6 zum Henner (siehe Variante). In Nordwestrichtung den Karrenweg geradeaus weiter durch Wald sanft abwärts zu einer Verzweigung. Rechts haltend, oberhalb einer Straße zum großartigen **Burgblick (3)** an der Bergkante. Scharf rechts zu einer Linkskehre und diese

Blick vom Überstieg, am Hals-Sattel des Umlaufberges, auf die Thaya.

abwärts zu querendem Sträßchen. Auf diesem nach rechts (Osten) entlang einer Bergflanke abwärts zur **Thayabrücke (4)** mit Gaststätte.

Nun den rot bezeichnetem Thayatalweg Nr. 1 entlang dem teilweise recht felsigen Thaya-Ufer stromabwärts zu einem Marterl, dann den Gabrielensteig (Geländersicherung, Stufen) hinauf auf einen Waldrücken und zu einer **Wegteilung (5)**. Links den blau bezeichneten Einsiedlerweg Nr. 2 durch die zur Thaya hin abfallende Flanke, später am Kamm entlang an zwei Aussichtspunkten vorbei mit Blick ins Thayatal und nach Hardegg. Zuletzt über Stiegen hinab in einen Hohlweg. Links weiter abwärts zu den Wiesen bei der ehemaligen Oberen Bärenmühle und durch ein Wäldchen den Wildkatzenwanderweg nach links zum Rastplatz beim **Einsiedlerfels (6)** an der Thaya (Kinderspielplatz, Badeplatz, Rastbänke). Inmitten der Felsen befindet sich die ehemalige Einsiedlerklause in 12 m Höhe.

Den begangenen Weg wieder zurück und den Hohlweg gerade weiter aufwärts zum querenden **Thayatalweg Nr. 1 (7)** – geradeaus weiter führt der Weg in 30 Min. zurück zum Nationalparkhaus. Hier jetzt aber links den rot bezeichneten Weg in weitem Bogen den **Ochsengraben (8)** hinab zur Thaya und über Wiesen stromabwärts. Das nun folgende Wegstück entlang des steilen, felsigen Prallufers der Thaya ist etwas mühsam zu begehen und verlangt Trittsicherheit; gefährliche Stellen sind mittels Hängebrücken entschärft. Trotzdem zählt gerade dieser äußerst einsame und wilde Abschnitt zu den eindrucksvollsten der Wanderung. Schließlich gelangt man zur Rechtsabzweigung des Granitzsteiges (Direktweg Nr. 4 nach Merkersdorf) und kurz darauf zur Abzweigung zum Überstieg bei einigen Fischerhütten am Hals des Umlaufberges. Vor den Hütten rechts in Kehren (Geländer) steil hinauf in einen Sattel und von dort links hinauf zum Aussichtspunkt am **Überstieg (9)** mit großartigem Blick über die Mäander der Thaya.

Zurück in den Sattel und von dort links (Süden) eine felsige Rinne hinab zur Forststraße direkt an der Thaya. Auf ihr nach rechts (Süden), vorbei an mehreren Fischerhütten, eben zur Mündung des **Kajabaches (10)**. Im sehr malerischen Kajabachgraben entlang dem quirligen Bach nach rechts auf einem Karrenweg sanft aufwärts und bei einer Talteilung (rechts der direkte Weg zum Kaja-Parkplatz) links in einer weiten Schleife hinauf zum Sattel (kleiner Bildstock) mit der stolzen **Feste Kaja (11)**. Den Fahrweg hinab zum Kaja-Parkplatz und die hier beginnende Zufahrtstraße durch einen Graben hinauf nach **Merkersdorf (12)** mit der querenden wenig befahrenen Landesstraße. Auf ihr rechts haltend hinauf zur Hochfläche mit dem Bildstock der **Langen Marter (13)**. Auf einem Rad- und Wanderweg ent-

Durch das Tal des Kajabaches.

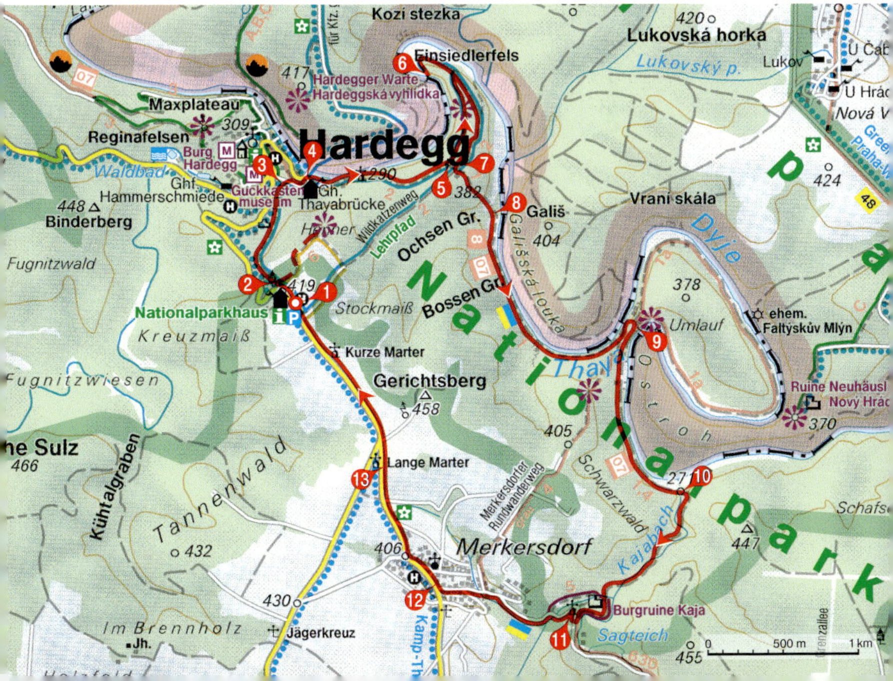

lang der Straße abwärts zur Kurzen Marter und zurück zum **Nationalparkhaus (1)**.

39 ▶ Durch die Schluchten des Kamp

Von Altenburg nach Steinegg

Klassiker im südlichen Waldviertel: Kultur und Natur vom Feinsten
Man findet kaum einen vergleichbaren Platz in Österreich, wo sich klöster-
liche Prachtentfaltung auf höchstem Niveau neben ursprünglicher, weitge-
hend intakter Natur ein gelungenes Stelldichein geben. Direkt von Stift Al-
tenburg, dem Barockjuwel des Waldviertels am Rande der Kampschlucht,
taucht man ein in eine Orgie urwüchsiger Natur. Die oft von entwurzelten
Baumriesen bedeckten Hochwasserwiesen am Umlaufberg, den der Kamp
fast einmal komplett im Uhrzeigersinn umrundet, die hoch über dem Kamp
vorspringenden Felskanzeln in der Bründlleiten, aber auch die Reste uralter
Kultur wie das Öde Schloss, die Funde aus der Eisenzeit am Umlaufberg oder
die imposante Rauschermühle aus dem 17. Jahrhundert sind Höhepunkte
auf einer erfüllten Tageswanderung. Die Haupt-Lebensader dieser harmoni-
schen Landschaft ist der mächtige Kamp, der die schüsselförmige Hoch-
fläche des Waldviertels, ähnlich dem Stil eines weitausladenden Blattes, ent-
wässert und dessen Wassermassen durch schluchtartige Täler der Donau
entgegenfließen.

K U R Z I N F O

Ausgangspunkt: Parkplatz des Bene-
diktinerstiftes Altenburg, 388 m, einem
der großartigsten Klöster Österreichs.
Gleichnamige Gemeinde auf der Wald-
viertel-Hochfläche, 6 km südwestlich der
Stadt Horn. Bushalt.
Gehzeit: 3.45 Std.
Höhenunterschied: 370 m.
Anforderungen: Einfache Wande-
rung auf gut markierten Wegen. Stellen-
weise Orientierungssinn erforderlich.
Kinder: Wegen der Länge der Tour nur
für ausdauernde Jugendliche zu emp-
fehlen.
Einkehr: Unterwegs keine.
Bademöglichkeit: Wildbaden im
Kamp stromaufwärts des Umlaufberges
oder in Steinegg.
Bootsfahrten: Der Kamp ist ein in
weiten Teilen noch völlig naturbelassener
Kleinfluss mit geringen Schwierigkeiten.
Mögliche Befahrungen ab Steinegg oder
Wegscheid bis Rosenburg. Info unter
www.flusswandern.com.
Variante: Über das Öde Schloss: Von

der Mündung des Försterbaches (WP 3)
rechts entlang des Kamps zur Abzweigung des Steiges zum Öden Schloss am
Hals des Umlaufberges (Pfeil). Links haltend in weitem Rechtsbogen hinauf zu
den Ruinen des Öden Schlosses am Gipfel des Rückens. Vom Zugangsweg zum
Öden Schloss nach Osten auf Steigspuren hinab zum Kamp und etwa 50 m
unterhalb des Kampwehres auf Trittstei-
nen über den Fluss. Jenseits links haltend
hinauf in den Sattel südwestlich des
Kraftwerkes am Umlaufberg (WP 5), wo
man wieder den beschriebenen Rundweg erreicht. Nur bei Niedrigwasser
möglich!
Tipp: Besichtigung des Stiftes Altenburg, des Barockjuwels im Waldviertel.
Bibliothek mit Fresken des Malers Paul
Troger, sehenswerte Stiftsgärten (geöffnet 1. Mai bis 26. Okt., tägl. 10–17 Uhr,
www.stift-altenburg.at); Renaissanceschloss Rosenburg am Kamp, eine der
schönstgelegenen Burgen Niederösterreichs (April bis Sept. 9.30–17 Uhr geöffnet, Di. Ruhetag; April, Mai, Okt. nur Fr.
bis So. geöffnet, www.rosenburg.at).
Karte: F&B WK 073.

Vom großen Parkplatz des **Stift Altenburg (1)** in Richtung Stiftseingang und noch vor der Pforte rechts ab (gelbe, rote Zeichen, Pfeil Kamptal, Weg Nr. 6) und entlang der Außenmauer in südlicher Richtung zu einem Bildstock. Dort rechts auf dem Fußweg unterhalb einer Forststraße durch Wald abwärts zu einer schlecht erkennbaren **Abzweigung (2)** mit den links abbiegenden gelben Zeichen. Diesen scharf links folgen (die rote Markierung führt geradeaus weiter) und in südöstlicher Richtung entlang der steil zum Försterbach abfallenden Flanke allmählich abwärts in den Talgrund. Linker Hand die Reste der alten Tiergartenmauer des Stiftes Altenburg. Durch das breiter werdende Tal eben hinaus ins Kamptal mit dem ungezähmt dahinströmenden Kamp und dem querenden **Kamptalweg (3)**. Links (jetzt auch rot markiert) erst durch das Überschwemmungsgebiet des Försterbaches, dann auf teilweise etwas felsigem, sehr gut angelegtem Steig unmittelbar am Ufer des Kamp entlang zur **Rauschermühle (4)** aus dem 17. Jh.,

Benediktinerstift Altenburg.

dem ehemaligen Sommersitz des Abtes von Stift Altenburg.
Vom stattlichen Mühlengebäude in südwestlicher Richtung auf Gehweg

Das Renaissanceschloss Rosenburg auf hohem Fels über dem Kamp.

zum schmalen Betonsteg über den Kamp und über diesen zum alten Krafthaus aus dem Jahre 1909. Auf einer Wegkehre am Krafthaus vorbei, dann in westlicher Richtung hinauf in den **Sattel (5)** am Hals des Umlaufberges (geradeaus weiter führt ein unbezeichneter Weg zum Öden Schloss, siehe Variante). Vom Sattel links haltend auf rot markiertem Steig an der Waldflanke entlang nach Süden in den Elendgraben, dann nach rechts über einen kleinen Bach und jenseits steil aufwärts zur Rechtsabzweigung eines schmalen Steiges zum **Hängenden Stein (6)**, einem markanten und bei Kletterern sehr beliebten Felsturm hoch über dem Kamp. Den Elendgraben weiter steil aufwärts bis ein Karrenweg scharf nach rechts zur Bergkante führt (Wegteilung). Geradeaus (rot bezeichnet) weiter, hoch

über dem Fluss durch die Steilflanken der Bründlleiten erst etwas abwärts, dann wieder hinauf zu einem **Karrenweg (7)**, den man bei einer Wegkehre erreicht. Dort weiter aufwärts, später flacher in ein Seitental mit querendem Güterweg. Auf diesem scharf nach rechts abwärts, dann links ab und über eine Waldkuppe hinweg und auf Fußweg steil hinab in ein enges Waldtal mit dem Beginn eines Güterwegs. Auf diesem ohne größere Höhenunterschiede entlang der Waldflanke zur Linkseinmündung des Wegs von Wanzenau **(8)**. Scharf rechts (Pfeil Steinegg, rote Zeichen) und einen Forstweg abwärts zum **Kotbach (9)**. Über ihn hinweg und leicht aufwärts zu einer Bergkante. Links haltend erst durch Wald, später über weite Wiesen fast eben zur Kampbrücke bei **Steinegg (10)**.

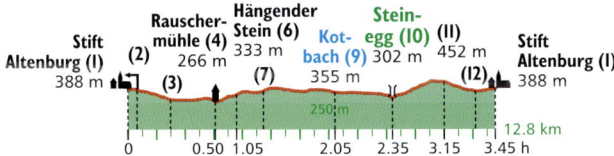

Stift
Altenburg (I)
388 m

Rauscher-
mühle (4)
266 m

Hängender
Stein (6)
333 m

(2)

(3)

(7)

Kot-
bach (9)
355 m

Stein-
egg (10)
302 m

(II)
452 m

(12)

Stift
Altenburg (I)
388 m

250 m

12.8 km

0   0.50 1.05   2.05   2.35   3.15   3.45 h

Über die Straßenbrücke auf das linke Kampufer und bei der folgenden Kurve bei einem Kellergebäude rechts (Pfeile, rot bezeichneter Pilgerweg Nr. 606, 620 und 658), erst über Stiegen, dann über eine Zufahrtstraße hinweg durch Wald steil hinauf zum Rand eines Feldes. Dort rechts in nordöstlicher Richtung in einen ausgedehnten Laubwald. Auf gut angelegtem Pfad durch die zum Kamp abfallende Südflanke mäßig steil hinauf zur bewaldeten Hochfläche »In der Sulz« und weiter zu querendem Forstweg. Über ihn hinweg und ohne Höhenunterschiede zu einem **Marterl (11)** bei einer Forststraße. Auch über diese hinweg und auf rot markiertem Waldweg erst eben, dann allmählich abwärts in das Waldtal des Försterbaches mit breiter Forststraße. Die unbefestigte Straße rechts in östlicher Richtung zu einer Wegkreuzung und geradeaus weiter, vorbei am **Försterhaus (12)**, sanft aufwärts zu einem parallel verlaufenden Karrenweg. Auf diesem aufwärts zum Stift Altenburg und zurück zum Ausgangspunkt am **Stift Altenburg (1)**.

Wanderung durch die Kampauen bei der Einmündung des Försterbaches.

40 ▶ Alpine Felsszenerien am Krems-Zwickl

Von der Gudenushöhle zum Wotansfelsen ★★

Einsamer Wächter über Großer und Kleiner Krems

In kaum einer anderen Region des Waldviertels gibt es wildere alpine Szenerien mit steilen Felsflanken, Felstürmen, Steilabbrüchen, Höhlen und Schluchten als rund um den Krems-Zwickl, dem Mündungsbereich von Großer und Kleiner Krems. Nicht ohne Grund werden die Kremstäler rund um den Zwickl von Kennern auch als »Grand Canyon des Waldviertels« bezeichnet. Neben der Gudenushöhle am Fuß der Burg Hartenstein, einem der bedeutendsten steinzeitlichen Fundplätze Mitteleuropas, lohnt vor allem der Wotansfelsen mit seinem fantastischen Schluchtenblick einen Besuch. Zu guter Letzt kann der müde Wanderer im Stausee am Krems-Zwickl oder in den lebhaften Gewässern von Großer und Kleiner Krems bei einem kühlenden Fußbad Erholung finden.

KURZINFO

Ausgangspunkt: Parkplatz Burg Hartenstein, 515 m, zwischen Maigen und Purkersdorf, 150 m flussabwärts von der Straßenbrücke über die Kleine Krems. 9 km von Weißenkirchen, 224 m, Winzerort am linken Ufer der Donau, in der Wachau. Bushalt (Schulbus von Krems).
Gehzeit: 3.15 Std.
Höhenunterschied: 310 m.
Anforderungen: Einfache Wanderung auf meist guten Fahr- und Fußwegen. Jedoch Orientierungssinn notwendig.
Kinder: Neben der Erforschung der Gudenushöhle (Kulturdenkmal!) und dem geologischen Lehrpfad entlang der Kleinen Krems kann an einem der idyllischsten Plätze des Waldviertels, dem Krems-Zwickl, im kühlen Nass geplanscht werden.
Einkehr: Unterwegs keine.
Gipfelmöglichkeit: Für Liebhaber einfacher Klettersteige lohnt die Begehung des Vetternsteigs hinauf zu Schusterlucke, Teufelskirche und Teufelsrast. Zustieg 150 m westlich des Krems-Zwickl (Wegtafel, markiert). Abstieg über die Eichmayerhöhle oder über Purkersdorf zum Parkplatz. Zusätzlicher Zeitaufwand: 2 Std.
Karte: F&B WK 071.

Oben: Am romantischen Stauwehr am Krems-Zwickl kann man auch baden.

Vom **Parkplatz (1)** den rot bezeichneten Fahrweg »Geologischer Lehrpfad« oberhalb der Kleinen Krems (Schranke) flussabwärts, später links hinab zur Kremsbrücke am Fuß der mächtigen Burg Hartenstein. An das linke Ufer der Kleinen Krems und weiter zur Abzweigung des Steiges zur **Gudenushöhle (2)** am rechten Flussufer (Steg). Die Linksabzweigung zur Eichmayerhöhle in den Steilflanken des engen Tales bleibt unberücksichtigt und man wandert das gewundene Tal sanft abwärts zum romantischen **Krems-Zwickl (3)** mit Wegteilung am Zusammenfluss von Großer und Kleiner Krems (Rastplatz, kleiner Stausee, Einlaufbauwerk für eine Druckrohrleitung). Nun scharf links das Tal der Großen Krems auf rot bezeichnetem Forstweg (Pfeil nach Brauhaus) in Nordwestrichtung stromaufwärts, vorbei an der Abzweigung zur Teufelsrast und der J.-Fischer-Furt, zum **Hasenfleck (4)** im Mündungsbereich des Gillauser Baches (Schranke). Rechts haltend über den Bach und auf bequemem Karrenweg (Kremstalweg Nr. 625) an der orografisch rechten Talseite der Großen Krems stromaufwärts zu einer Wegkehre (links nach

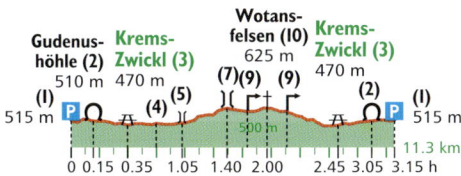

Der Saghäuslsteg über die Große Krems.

Gillaus). Geradeaus weiter und hinab zu einem Steg über die Große Krems, dem **Saghäuslsteg (5)**. Auf diesem über den lebhaften Bach und gleich darauf zu einem querenden, etwas verwachsenen Weg. Hier rechts ab (Pfeil nach Felling, blau markiert) und auf gut sichtbarem Ziehweg in weitem Rechtsbogen hinauf zur Kehre einer Forststraße. Die Straße links haltend weiter aufwärts zu einer weiteren Kehre. Am Scheitel der Wegkehre den **Aurel-Fiedler-Weg (6)** geradeaus weiter und in mehreren Kehren hinauf in einen **Waldsattel (7)**. Von diesem durch Wald sanft abwärts, zwei Abzweigungen nach links bleiben unberücksichtigt, zu querendem **Güterweg (8)**. Rechts haltend entlang gelber Zeichen abwärts zu einer Rechtskurve und gleich darauf zur Abzweigung des blau bezeichneten **Stichwegs (9)**, Pfeil, zum Wotansfelsen. Den Weg nach rechts durch Wald in südwestlicher Richtung vorerst eben, dann bergauf zum felsigen Gipfel des **Wotansfelsen (10)**. Vorsicht mit Kindern, Absturzgefahr! Ausblick zu den gegenüberliegenden Kremstalhöhlen, zur Teufelsrast, das Tal der Großen Krems und zum Zwickl.

Zurück zur Abzweigung des **Stichwegs (9)** und dort scharf rechts den gelb markierten Güterweg durch die Zwettler Leiten in weiten Kehren nach Süden hinab in das Kremstal, das man unterhalb des kleinen Stauwehres »Am Zwickl« erreicht. Auf Fahrweg talaufwärts zur Brücke über die Große Krems und weiter zur Einmündung der **Kleinen Krems (3)**. Links haltend auf bereits bekanntem Weg die Kleine Krems aufwärts zurück zum **Parkplatz (1)**.

Edlesberger Teich und Stifterteich

41

Ein Besuch von Gutenbrunn aus ★

Auf Wassersuche im östlichen Weinsberger Wald

Der Weinsberger Wald, ein alter Habsburger-Besitz in der südwestlichen Granitregion des Waldviertels zwischen Schönbach, Traunstein, Bärnkopf und Martinsberg-Gutenbrunn, gehört zu den größten zusammenhängenden Forsten Ostösterreichs. Die Kuppen und seichten Talungen der Hochfläche, die allerorts zutage tretenden Granitfelsen, sie formen ein herbes, nordeuropäisch anmutendes Landschaftsbild. Auf einer eigens errichteten, 35 km langen Wald-Schmalspurbahn wurde früher das geschlägerte Rundholz zur Verarbeitung nach Martinsberg befördert. Heute bietet die Bahntrasse ideale Bedingungen für den nordischen Schisport, sodass sich der Weinsberger Wald mit den Zentren Gutenbrunn und Bärnkopf zu einem beliebten Langlaufgebiet entwickeln konnte. Magnet im Sommer ist der mit dem Auto erreichbare Edlesberger Teich bei Gutenbrunn. Umgeben von dichten Wäldern, lässt es sich an seinen Ufern baden und faulenzen. Legt man Wert auf Aktivität, kann man seine Umrundung ins Auge fassen oder zu dem weiter westlich gelegenen Stifterteich weiterwandern, einem weiteren Seejuwel in der nordisch anmutenden Landschaft. Unterwegs kommt man an den von Flechten und Moospolstern überzogenen Felsblöcken der »Steinkapelle« und des »Zwettlsteins« vorbei, an denen Kinder und jung gebliebene Erwachsene ihre Kletterkünste erproben können.

KURZINFO

Ausgangspunkt: Pfarrkirche, 858 m, an der Durchgangsstraße im Ortszentrum von Gutenbrunn, Markt und renommiertes Langlaufzentrum am Ostrand des Weinsberger Forstes.
Gehzeit: 3.30 Std.
Höhenunterschied: 200 m.
Anforderungen: Einfache Wanderung auf meist unmarkierten, allerdings beschilderten Wegen sowie auf Forststraßen.
Kinder: An den berührten Felsgruppen ist mit Kindern Vorsicht geboten.

Einkehr: Pension-Restaurant Seewolf am Edlesberger Teich (22 B., im Nov. und um Ostern geschlossen, sonst immer geöffnet, Mo., im Frühjahr und Herbst fallweise auch Di. Ruhetag, Tel. +43 (0)2874 6303, www.seewolf.at).
Bademöglichkeit: Edlesberger Teich.
Bootsverleih: Es gibt keinen Bootsverleih! Das Benützen von Luftmatratzen und Schlauchbooten ist am Edlesberger Teich gestattet.
Hinweis: Wie der im Weinsberger Wald gelegene Ort Bärenkopf besitzt auch Gutenbrunn 65 Kilometer familienfreundliche, bestens gespurte Langlaufloipen.
Karte: F&B WK 071.

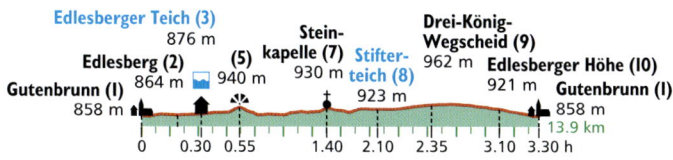

Der Edlesberger Teich im Osten des Weinsberger Waldes.

Von **Gutenbrunn (1)** gegenüber der Pfarrkirche die rot markierte Asphaltstraße mit Weg Nr. 606 in Westrichtung aus dem Ort und über den Schwemmbach (auch »Weitenbach«) zur Verzweigung. Auf markiertem Fußweg rechts haltend zu einem Wendeplatz, danach im Wald nach links aufwärts zu einem Fahrweg (Marienbild am Baum). Diesen nach rechts zu den Edlesberger Wiesen und über sie zu querender Asphaltstraße (Schnitzkreuz), auf der man nordwärts nach **Edlesberg (2)** gelangt. Durch das Dorf nach links zum ehem. Gasthaus Trondl am Ortsende, danach auf Naturstraße über Felder zu einer Anhöhe mit Straßenteilung. Rechts haltend hinab zum Restaurant Seewolf am Ostufer des ringsum von Wald umgebenen **Edlesberger Teichs (3)**.

Vom Restaurant auf der Naturstraße (Beschilderung »Seerunde«), am Ostufer entlang, zu einer Teilung. Links den unbezeichneten Fahrweg vorerst noch am Ufer, dann abseits des Sees und nach links (Westen) zu einer Lichtung mit **Verzweigung (4)** am Südfuß des Kleinen Höllberges. Auf unmarkiertem Fahrweg nach rechts (Nordwesten) aufwärts zur Rechtsabzweigung eines Steiges und diesen im lichten Wald steil nach Nordosten hinauf in einen Sattel. Über eine Holzstiege 4 m nach rechts empor auf den **»Turm« (5)**, ein Felsgebilde mit Aussichtskanzel. Tiefblick zum Edlesberger Teich mit Gutenbrunn dahinter.

Zurück zur **Verzweigung (4)**. Dort nun rechts haltend im Wald eben nach Südwesten, später über eine Wiese hinauf zur querenden Forststraße bei den Höfen »Auf der Stift«. Die Straße rechts haltend in den Wald und dort nordwestwärts zu einer **Lichtung (6)** mit Verzweigung und Bank. Links auf unbezeichnetem Fahrweg einen seichten Waldgraben in Südwestrichtung bergauf zu markanter Linkskurve (Wendeplatz, Bank). Hier rechts ab und einen Karrenweg im Wald steil nach Süden empor zur sogenannten **Steinkapelle (7)**, einer natürlichen,

Felsgebilde »Turm« (oben) und die »Steinkapelle« (unten).

Der von dichten Wäldern flankierte Edlesberger Teich bei Gutenbrunn.

von Granitblöcken gebildeten Klause mit senkrechten Stützwänden, einem mächtigem Deckstein und einer Marienstatue darin – ein idyllischer Ort in tiefer Waldeinsamkeit nahe eines Bächleins.

Zurück zur **Lichtung (6)** und dort die unbezeichnete Forststraße nach links (Westen) im Wald zu einer Anhöhe, danach zum **Stifterteich (8)**. An seinem Nordufer zu großer Wiese und dort links die unbezeichnete Forststraße nach Süden in den Wald mit Verzweigung. Rechts haltend wieder zu einer Anhöhe hinauf und dort zur nächsten Teilung. Links die Waldstraße in Windungen hinauf zur neuerlicher Gabelung und rechts haltend bald zur **Drei-König-Weg-scheid (9)** mit einer Bank und Tafeln an der Straße Bärnkopf–Gutenbrunn.

Ohne die Straße zu überschreiten auf Karrenweg 50 m nach links (Osten) zu einer Teilung und links haltend zur Anhöhe südlich des Zwettlsteins. Jenseits im Wald bergab, später auf Straße aus dem Wald zur **Edlesberger Höhe (10)** mit freier Schau nach Osten bis nach Martinsberg (Tafeln).

Am Waldrand 200 m weglos nach rechts (Süden) hinab zu querendem Fahrweg und diesen rechts haltend in einen seichten Graben. Bei Verzweigung nach links (Osten) hinab an einen runden Waldrücken. Links ab und auf markiertem Fußweg ostwärts zum Querweg Nr. 606 beim »Marienbild am Baum« vom Hinweg. Auf bekannter Route wieder zurück zum Ausgangspunkt in **Gutenbrunn (1)**.

Entlang von Kamp und Weißenbach

42

Von Roiten zur Schwarzalm ★★★

Flusstäler-Runde im Waldviertel

Das Kamptal oberhalb von Zwettl und das romantische Tal des Weißenbachs zählen zu den schönsten Wasser-Wandergebieten Österreichs. Nicht ohne Grund wurde diese Landschaft zum Naturdenkmal erklärt. Verträumte Waldtäler mit einem ruhig über Felsrundlinge dahingleitenden Fluss, Badeplätze an feinen Sandbänken und eine noch weitgehend ungestörte Natur, das sind nur einige der typischen Merkmale dieser Wasserlandschaft. Gelegentlich wird das gewundene Tal durch Wiesenstreifen und alte Wassermühlen unterbrochen. Diese Mühlen, die oft fast wie Burgen gebaut sind und die einst Zentren der wirtschaftlichen Entwicklung des Landes waren, dienen heute meist gestressten Städtern als Wochenenddomizil. Bereits der Maler Friedensreich Hundertwasser hat jahrzehntelang am Kamp bei der Hahnmühle die schöpferische Ruhe gefunden, die ihn zu seinen Werken befähigte. Wer es etwas aufregender haben möchte, kann von der Unterstandshütte entlang einer gut gesicherten Felsrinne noch kurz auf den Hohen Stein klettern. Der Blick von oben über das grüne Herz des Waldviertels ist den Aufstieg wert!

Der Kamp stromabwärts von Roiten.

KURZINFO

Ausgangspunkt: Dorfmuseum in Roiten, 576 m, Dorf am oberen Kamp, zwischen Rappottenstein und Zwettl. Bushalt, Parkmöglichkeit.

Gehzeit: 5.30 Std.

Höhenunterschied: 270 m.

Anforderungen: Einfache Wanderung auf bezeichneten Wegen. Der Schlussanstieg auf den Hohen Stein setzt etwas Klettersteigerfahrung voraus, kann aber weggelassen werden.

Einkehr: Hotel-Restaurant Schwarzalm (keine Nächtigung, 60 B., ganzj. geöffnet, kein Ruhetag, Tel. +43 (0)2822 53173, www.schwarzalm.at); Gh. König in Roiten (ganzj. geöffnet, Mi. Ruhetag, Tel. +43 (0)2828 8501).

Bademöglichkeit: In den herrlich kupferbraunen Wassern des Kamp mit zahlreichen Badetümpeln und lebhaften Stromschnellen.

Hinweis: Neben dem Ausgangspunkt im Weiler Roiten, kann man alternativ auch von der Schwarzalm (WP 11, 4 km südlich von Zwettl) oder der Utissenbachmühle (WP 14, 7 km südwestlich von Zwettl) starten. Dadurch kann die Wanderung in zwei kürzere Rundwege (jeweils 2.45 Std.) aufgeteilt werden.

Variante: Von der Kampbrücke (WP 15) am orografischen linken Kampufer auf unbezeichnetem Weg dem Kamp entlang nach Süden folgen, vorbei an der am gegenüberliegendem Ufer thronenden Hahnsäge, bis zum Anstieg zum Kreuzhof. Dort auf stark verwachsenem Weg vom Kamp rechts ab (Bacheinmündung) und durch eine Waldflanke nach Südwesten hinauf zu einem Güterweg. Auf diesem nach links zum Kreuzhof, rechts am Gehöft vorbei in einen Sattel und auf einem asphaltierten Güterweg in Südrichtung abwärts zur Kampbrücke (WP 2) in Roiten. Orientierungssinn erforderlich.

Tipps: Dorfmuseum in Roiten, gestaltet vom Künstler Friedensreich Hundertwasser, mit Schaustücken über altes Handwerk (geöffnet Mai bis Sept. Fr., Sa., So. und Feiertage 14–16.30 Uhr, Tel. +43 (0)2828 8516, www.dorfmuseum-roiten.at); Alte Brettersäge in Kirchbach, die den in dieser Region verbreiteten Typus des einfachen, wasserbetriebenen Sägewerkes mit Venezianergatter repräsentiert (1. Mai bis 1. Nov. 9–11 Uhr und 13–17 Uhr, Mo. Ruhetag, von Ostern bis 1. Mai nur am Wochenende, Tel. +43 (0)2828 8366 oder +43 (0)664 75087108, www.kirchbach.net).

Karte: F&B WK 076.

Vom Dorfmuseum in **Roiten (1)** neben dem Gasthof König die Dorfstraße nordwärts zur **Kampbrücke (2)** mit der Linksabzweigung des Güterwegs Kreuzhof (den die Variante in der Gegenrichtung nutzt). Am rechten Flussufer weiter zum Straßenende bei den letzten Häusern. Nun auf gutem Karrenweg (Bezeichnung »Hundertwasserweg Nr. 55«) unmittelbar am Ufer des gemächlich zwischen Granitblöcken dahinglucksenden Kamp durch ein noch weitgehend intaktes Waldgebiet weiter nach Norden zur bunt bemalten **Hahnsäge (3)**, in der der bekannte österreichische Maler Friedensreich Hundertwasser zeitweise gelebt und 40 seiner Meisterwerke geschaffen hat (1966–2000). Mehrere Info-Tafeln.

Auf dem Karrenweg weiter den Kamp entlang stromabwärts zu einer **Wegteilung (4)**, dem Pfeil »Hoher Stein, Weissenbach« folgend, rechts ab und auf gut markiertem Waldweg steil nach Nordosten hinauf zu einer weiteren Wegteilung (Pfeil zum Hohen Stein). Hier rechts hinauf zur bewaldeten Kammhöhe mit den Gipfelfelsen des **Hohen Stein (5)** mit schönem Rastplatz im offenen Unterstand. Wer eine kleinere Kletterei wagen möchte, kann durch eine geneigte Felsrunse mittels Eisenklammern (Trittsicherheit nötig!) 10 m

![Das von Friedensreich Hundertwasser gestaltete Dorfmuseum in Roiten.]

Das von Friedensreich Hundertwasser gestaltete Dorfmuseum in Roiten.

empor zum Gipfel des Hohen Stein, 659 m, klettern, mit Holzkreuz und Blick über die einsame Fluss-, Wald- und Wiesenlandschaft des Oberen Kamptals. Achtung, vom ungesicherten Gipfel Absturzgefahr!

Vom Unterstand wieder hinab zur letzten Verzweigung und dort den Weg zur Weißenbachklamm (Pfeil) erst nach rechts (Nordwesten), dann scharf links hinab und in weitem Rechtsbogen hinunter zu einem querenden **Fahrweg (6)**. (Nach links führt der direkte Weg zur Kampbrücke bei der Utissenbachmühle und zurück nach Roiten, siehe auch Variante, Zeitersparnis 2.30 Std.)

Den Fahrweg nach rechts (Pfeil »Hundertwasserweg Nr. 55«) und in Windungen aufwärts zu einer Wegabzweigung. Links den Waldweg zunächst steil hinab in das Tal des Weißenbaches, dann entlang dem idyllischen und stark verblockten Bach aufwärts zur felsigen Engstelle der **Weißenbachklamm (7)**. Auf schmalem, gut markiertem Steig in Windungen aufwärts zur Abzweigung des Wegs zum gewaltigen Klotz des **Jahnfelsens (8)**, den man rechts über den Bach in wenigen Minuten erreicht. Zurück zum Weißenbach und auf bequemem Pfad weiter talaufwärts, bis sich der Weg

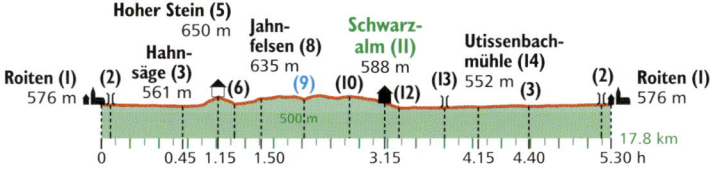

Auf diesem gut bezeichneten Weg links (Pfeil »Hundertwasserweg«) in Nordrichtung, später nach Osten sanft hinauf zu einem querenden **Güterweg (10)** am Waldrand. Links haltend über Felder abwärts zu einem Gehöft und weiter zu einer Verzweigung. Den linken Güterweg abwärts, kurz darauf nach rechts auf einem oft verwachsenen Feldweg zu einer Baumgruppe und durch ein kleines Wäldchen zur Zufahrtstraße zur Schwarzalm. Auf ihr nach links zum Hotel-Restaurant **Schwarzalm (11)**, einem Luxushotel, das unter Mithilfe der Privatbrauerei Zwettl in neuem Glanz erstrahlt und auch Wanderer gastlich empfängt.

Von der Schwarzalm die Forststraße in östlicher Richtung hinab zum Kamp mit der **Gschwendtmühle (12)** am gegenüberliegenden Ufer. Am orografisch rechten Ufer auf Güterweg dem Kamp entlang stromaufwärts, mit herrlichen Ausblicken auf den gemächlich dahinströmenden Fluss, zu einer **Brücke (13)**. Über sie auf das gegenüberliegende Ufer und gleich links ab zur Fahrstraße von Gschwendt zur Utissenbachmühle.

Wo die Straße deutlich nach Westen abbiegt, links ab und vorbei an der **Utissenbachmühle (14)** zur **Kampbrücke (15)**. Über die Brücke auf das orografisch rechte Kampufer und über den Weißenbach nach rechts zu einer Wegteilung. Dort rechts ab und den Hundertwasserweg Nr. 55 (Pfeil nach Roiten) am Kamp entlang zur vom Hinweg bekannten **Wegteilung (4)**. Auf dem bequemen Karrenweg entlang des Kamp in südlicher Richtung an der **Hahnsäge (3)** vorbei bis zurück nach **Roiten (1)**.

vom Bach weg nach Norden wendet (Ende der Weißenbachklamm). Bei einer Wegkreuzung linkshaltend auf weitgehend ebenem Karrenweg durch ausgedehnte Wälder in Nordrichtung zum Waldrand und auf Steig hinab in ein kleines Tälchen mit **Bach (9)**. Über das Rinnsal hinweg und auf Steig erst rechts, dann links hinauf auf eine Waldkuppe mit querendem Karrenweg.

Beim gewaltigen Steinkoloss des Jahnfelsens in der Weißenbachklamm.

43 ▶ Höllfall und Lohnbachfall

Rundtour an Großem und Kleinem Kamp ★★★

Nasse Attraktionen im Granit-Waldviertel

Lohnbach- und Höllfall sind die bedeutendsten Wasserfälle in dem auf diesem Sektor nicht gerade »gesegneten« Waldviertel zwischen Rappottenstein und Pretrobruck. Vom Ort Rapottenstein können sie im Zuge einer großen, gut sechsstündigen Wanderrunde besucht werden. Das geht über eine bequeme Mittelgebirgswanderung allerdings weit hinaus, werden doch die Täler des Großen und Kleinen Kamp mit dem »Paradies« und der »Schütt« einbezogen. Es mag für »müde Krieger« verheißungsvoll klingen, wenn sie erfahren, dass sie nach knapp vierstündiger Wanderung im Gasthof zu Pretrobruck mit Speis und Trank, ja sogar mit Nächtigungsmöglichkeit rechnen können. Doch, um keine böse Überraschung zu erleben, lohnt sich ein vorheriger Informationsanruf!

KURZINFO

Ausgangspunkt: Rappottenstein, 671 m (Parkplätze, Bushalt). Startplatz ist der Hauptplatz des Ortes.
Gehzeit: 6.30 Std.
Höhenunterschied: 350 m.
Anforderungen: Lange und anstrengende, aber unschwierige Wanderung. Ausdauer, im Bereich des Lohnbachfalls ist auch Trittsicherheit notwendig. Vorsicht bei Nässe!
Kinder: Wegen der Länge der Tour wird eine Aufteilung auf zwei Tagesetappen (Übernachtung im Gasthof Seidl in Pretrobruck) empfohlen.
Einkehr: Mehrere Gastbetriebe in Rappottenstein. Einzige Einkehr- und Übernachtungsmöglichkeit unterwegs im

Gasthof Seidl in Pretrobruck (34 B., ganzj. geöffnet, für Restaurantgäste vom 1. Nov. bis Ostern Mo.–Mi., sonst Mo. und Di. Ruhetag, Voranmeldung, Tel. +43 (0)2813 410, www.gasthof seidl.at).
Bademöglichkeit: Wasserratten finden im Waldbad Rappottenstein östlich des Ortes, am Eingang in den Katzengraben, ideale Bedingungen.
Variante: Aus dem Tal des Kleinen Kamp nahe der Heubrücke lohnt auf Weg Nr. 612 und 665 der Anstieg zur Burg Rappottenstein, eine noch im Originalzustand erhaltene Feste aus dem 12. Jh. (Burgschänke, Führungen, gesamter Zeitaufwand: 1 Std.). Die Burg kann auch per Auto erreicht werden, 4 km von Rappottenstein.
Karte: F&B WK 076.

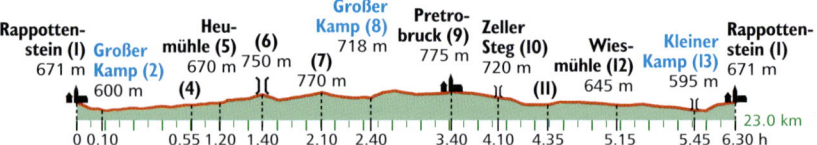

Vom Hauptplatz in **Rappottenstein (1)** die Asphaltstraße (Weg Nr. 6, 54, 612, 665) über Wiesen nach Nordwesten abwärts zur Verzweigung vor

einem Betonwerk. Rechts auf Karrenweg eben in den Wald und hinunter zum **Großen Kamp (2)** mit Brücke. Jenseits über Wiesen nach links aufwärts in den Wald und dort zu schmaler Asphaltstraße. Auf ihr wieder hinab zum Kamp und am Ufer entlang zur Bruckmühle (3) und dort zu einer Asphaltstraße. Diese 400 m nach rechts aufwärts zur Verzweigung bei einigen Häusern. Links ab und auf Fahrweg in das nun enge Waldtal des Großen Kamp, »Paradies« genannt. Rechts neben dem Bach in Südrichtung zur Autostraße (4), die traversiert wird und weiter zur Lichtung bei der Heumühle (5). Geradeaus den Fahrweg Nr. 612 im Wald nach Westen aufwärts zu einer Verzweigung. Links den rot markierten Fahrweg Nr. 12 nach Südwesten hinab in einen seichten Waldgraben, jenseits bergauf zur Linkskehre und dort auf Fahrweg geradeaus in einen weiten Sattel (6) mit Felsblöcken und schönem Föhrenbestand. Nach Südwesten hinab zu queren-

Fels- und Waldromantik am Höllfall des Großen Kamp.

Moosbewachsene Granitblöcke bei der »Steinernen Stube« am Lohnbachfall.

der Asphaltstraße, 710 m, am Rande der Felder und Wiesen von Feuranz. Die Straße rechts haltend bergauf nach **Hausbach (7)** und durch das Dorf aufwärts zur Rechtskurve bei den obersten Häusern. Links auf Fahrweg eine Wiesenmulde nach Süden bergab, dann an Grashängen entlang und durch Waldparzellen nordwestwärts in das Kamptal mit querender Asphaltstraße. Auf ihr nach links über den **Großen Kamp (8)** zur Rechtsabzweigung des Fußwegs Richtung Höllfall. Diesen, an einem alten Bildstock vorbei, nach Süden hinauf zum rot markierten Fahrweg Nr. 1 (»Zeller Weg«, Bank) an der Mündung des Höllgrabens. Auf ihm links der Kataraktestrecke des »Höllfalls« des Großen Kamps empor zu felsiger Verengung (Steg über den Kamp) und den Fahrweg geradeaus zur Verflachung mit Wegteilung. Auf jetzt unmarkiertem Fahrweg einen Waldgraben geradeaus nach Südosten aufwärts in einen Sattel, danach in langer Gerade zur Asphaltstraße im Eisgraben. Auf ihr rechts haltend empor nach **Pretrobruck (9)**.

Entlang der B 124 (Arbesbach – Rappottenstein) ostwärts zu energischer Linkskurve im Ortsbereich. Rechts ab und auf rot markierter Asphaltstraße (Weg Nr. 2, 4 und 12) südwärts über Wiesen, am Granitblock »Froschstein« vorbei, später durch die Wiesen und Felder der Kreuzlüsse hinab zum Ende der Asphaltstraße am Waldrand. Auf einem Fahrweg im Wald eben weiter, dann steiler hinab zum Lohnbach, der beim **»Zeller Steg« (10)** erreicht wird. Ohne den Bach zu traversieren auf blau und rot markiertem Fahrweg Nr. 4, 12 und 92 im Wald nach links (Osten) zum Lohnbachfall. Zur Linken des in Kaskaden über Granitblöcke (»Steinerne Stube«) hinabstürzenden Bachs an Holzstiegen (Geländersicherung) steil abwärts, danach auf Fahrweg an der linken Seite des Lohnbachgrabens am Rand schöner Wiesen eben talaus zur Straße Pehendorf–Grub, die traversiert wird (11). Jenseits auf Weg Nr. 4 und 12 einen Wiesengraben aufwärts wieder zur Straße und auf dieser 70 m zur Rechtsabzweigung eines rot markierten Feldwegs. Auf ihm, in Sichtweite rechts an Pehendorf vorbei, eben nach Nordosten zu einem Haus, danach die Asphaltstraße zum Knappenhof und am Waldrand entlang, zur Gabelung. Links hinab zu einer Asphaltstraße und auf dieser rechts haltend über den Kleinen Kamp zur **Wiesmühle (12)**.

Auf der Straße nach Ebenöd 50 m bis zu einer Verzweigung. Links den Feldweg Nr. 4, 5A, 12 hinab zu den brettebenen Kampwiesen. Über diese (keine Wegtrasse) zu einem Felsblock, danach auf Fahrweg rechts des Kleinen Kamp eben fort, schließlich auf verwachsenem Fußweg durch das Waldtal der »Schütt«, wo der Kamp vorübergehend unter Felsblöcken verschwindet. Rechts oberhalb des wieder auftauchenden Baches weiter, vor der Kampbrücke zur Ödmühle jedoch rechts ab (!) und auf einem Waldfahrweg zur nächsten Teilung. Nach links auf der Heubrücke über den **Kleinen Kamp (13)** und jenseits durch Wald in Windungen nach Norden empor auf eine Wiesenschulter (Rückblick zur Burg Rappottenstein!), die beim Granitblock »Opferstein« erreicht wird. Auf Feldweg durch Wiesen weiter bergauf, zuletzt um eine Bergecke links herum wieder zurück zum Ausgangspunkt in **Rappottenstein (1)**.

Stimmungsvoller Waldweg nach dem Lohnbachfall.

44 ▶ Raabser Graselweg

Zwischen Hahnmühle und Mährischer Thaya ★★

Auf den Spuren von Räuberhauptmann Grasel

Die von der Thaya und ihren Zubringern durchflossene Schluchtenlandschaft rings um die pittoreske Burgenstadt Raabs zählt mit Recht zu den eindrucksvollsten des Waldviertels. Einst eine mit zahlreichen wehrhaften Burgen befestigte Grenze zu Böhmen ist heute das Thayatal ein Ort der Ruhe und sogar Rückzugsgebiet mancher seltener Pflanzen und Tiere. Der beschriebene Rundweg führt auf den Spuren des Räuberhauptmanns Georg Grasel vorbei an zahlreichen einsam gelegenen Mühlen, in denen dieser Robin Hood des Waldviertels zu Beginn des 19. Jahrhunderts Unterschlupf gefunden hat.

Johann Georg Grasel, der 1790 in Mähren geboren wurde, hatte ein kurzes, trauriges Dasein. In schwierigen Verhältnissen aufgewachsen, versuchte er sich zunächst als Abdecker (Verwerter von Tierkadavern). Abdecker oder auch Wasenmeister hatten wegen ihrer Tätigkeit nicht gerade hohes Ansehen. Bald verlegte er sich jedoch auf Raub, Betrug, Hehlerei und Totschlag und scharte dabei eine Bande von etwa 60 Komplizen um sich. Der in Niederösterreich und Südmähren gefürchtete »Räuberhauptmann« wurde 1815 gefangengenommen und später in Wien hingerichtet. Nach seinem Tod wurde er entgegen den Tatsachen als edler Räuber hochstilisiert. Er wird noch bis zum heutigen Tag als Robin Hood des Waldviertels vermarktet.

Am Graselweg im felsigen Thayatal stromabwärts von der Hahnmühle.

Herrlicher Rastplatz: Unterstand der Plapperthütte, hoch über der Thaya.

KURZINFO

Ausgangspunkt: Stadtplatz von Raabs an der Thaya, 402 m. Von einer großartigen Höhenburg überragte Kleinstadt am Zusammenfluss von Mährischer und Deutscher Thaya im nördlichen Waldviertel. Bushalt, Parkmöglichkeit.
Gehzeit: 2.45 Std.
Höhenunterschied: 160 m.
Anforderungen: Einfache Wanderung auf gut bezeichneten Wegen.
Einkehr: Gasthöfe in Raabs, unterwegs keine Einkehr (die Plapperthütte ist nur ein kleiner Unterstand). Von der Hahnmühle kann das Hotel-Restaurant Liebnitzmühle stromaufwärts entlang der Thaya in 15 Min. erreicht werden (ganzj. So. mittags und ab 17 Uhr, sonst nur ab 17 Uhr geöffnet, Tel. +43 (0)2846 7501, www.liebnitzmuehle.at).
Bademöglichkeit: Zahlreiche Wildbademöglichkeiten an der meist ruhig dahinfließenden Thaya. Vitalbad in Raabs mit allen Annehmlichkeiten einer modernen Badeanstalt. Buffet, Eintritt!
Kinder: Je nach Kondition kann die Rundwanderung auch abgekürzt werden, deshalb auch für Familien mit kleinen Kindern geeignet (siehe Varianten).
Varianten: a) Bei der Kirche von Oberndorf rechts die Straße nach Oberpfaffendorf (WP 9) und dort den Graselweg entlang der Thaya zurück nach Raabs. Gehzeit: 1.15 Std.
b) Bei der Gabelung unterhalb des Friedhofes von Raabs (nach WP 2), gerade weiter das Tal abwärts zur Einmündung des Graselwegs (WP 7) und rechts haltend weiter zur Plapperthütte und zurück zum Ausgangspunkt. Gehzeit: 1.45 Std.
c) Von WP 3 den Güterweg rechts abwärts zur Reismühle (WP 6) und den Graselweg rechts haltend weiter nach Raabs. Gehzeit: 2.15 Std.
Hinweis: Bei Hochwasser ist der Graselweg nicht begehbar!
Tipps: Besichtigung der Burg Raabs nur im Rahmen von Führungen, an Wochenenden zwischen Mai und Sept., Anmeldung Tel. +43 (0)2856 3794.
Lamatrekking oder Kanuwanderungen entlang der Thaya von Raabs nach Eibenstein. Info unter www.kanuwandern.at, www.zeitzumleben.at.
Karte: F&B WK 075.

Blick vom Stadtplatz von Raabs an der Thaya hinauf zur stolzen Burg.

Vom weitläufigen Stadtplatz von **Raabs (1)** zu dessen südwestlicher Ecke und dort zur Thayabrücke bei der ehemaligen Fleischerbank. Jenseits des hier gestauten Thaya-Flusses, am Fuß der gewaltigen Burgfeste, links der Straße entlang roter Zeichen hinauf in den Ortsteil Oberndorf mit der Pfarrkirche rechts. Links haltend die Hauptstraße weiter zur **Allerheiligenkirche (2)**. Gegenüber der Kirche rechts ab und entlang einer Fahrstraße (rote Zeichen) unterhalb des Ortsfriedhofs zu einer neuerlichen Wegteilung. Links auf Güterweg Nr. 611 erst eben, später sanft ansteigend, vorbei an einer Kapelle und über weite Felder hinauf zu einem querenden **Güterweg (3)** am Rande eines Wäldchens. Nun links anfangs durch eine Allee, dann über Felder sanft aufwärts zu einem Marterl bei querender Nebenstraße, dem höchsten Punkt des Wegs. Die Straße rechts haltend in weitem Linksbogen abwärts zur **Abzweigung (4)** des Sträßchens zur Liebnitzmühle. Den befestigten Fahrweg rechts durch Wald abwärts zur Thaya mit der **Hahnmühle (5)**. Den dort ansetzenden Graselweg rechts ab (Pfeil) und hinter den Gebäuden der ehemaligen Mühle in östlicher Richtung am felsigen Thayaufer (Gedenktafel) entlang zu einem Klettergarten. Danach über eine kleine Kuppe zur idyllischen **Reismühle (6)**.

Der Graselweg stromab von Oberpfaffenhofen.

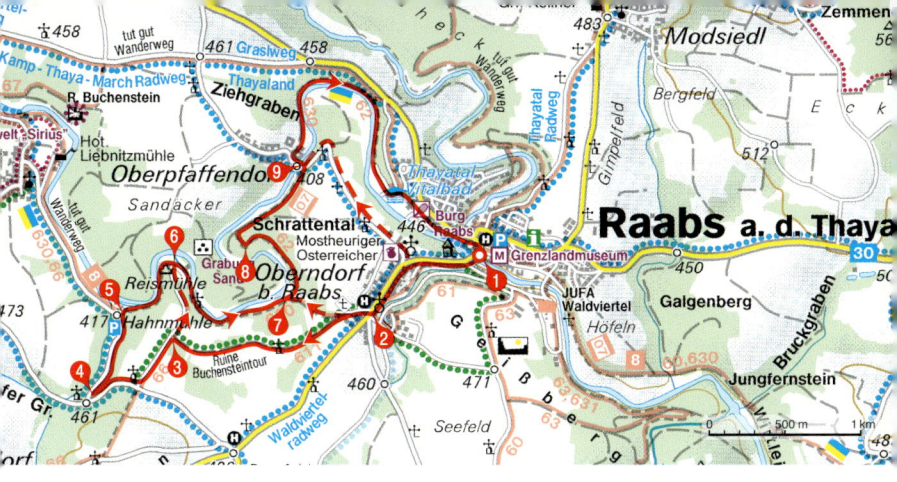

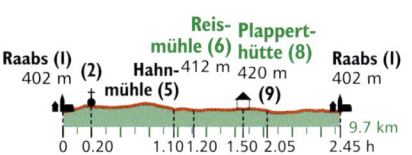

Raabs (l) 402 m (2) Hahn-mühle (5) Reis-mühle (6) 412 m Plappert-hütte (8) 420 m (9) Raabs (l) 402 m

9.7 km

0 0.20 1.10 1.20 1.50 2.05 2.45 h

Auf Karrenweg entlang der ruhig dahinfließenden Thaya flussabwärts zu einem Marterl und kurz darauf über Steinstufen empor zum Hochflächenrand. Entlang diesem nach Osten und wieder sanft abwärts zu den Überschwemmungswiesen der Thaya und dort zur Rechtsabzweigung eines Fahrwegs nach Oberndorf (7). Hier scharf links ab (Wegtafel), vorbei an der Wasserversorgung von Raabs und auf idyllischem Weg durch Wald rechts haltend aufwärts zur **Plapperthütte (8)**, einem schönem Rastplatz mit offenem Unterstand und Bänken hoch über der Thaya. Von der Hütte nach Nordwesten hinab zur Thaya und entlang der Uferwiesen zur Thayabrücke von **Oberpfaffendorf (9)**.

Bei der Brücke nach links über die Thaya und in den kleinen Weiler von Oberpfaffendorf. Nach dem zweiten Haus rechts ab und weiter zum Gebäude der ehemaligen Wasenmeisterei, einem Unterschlupf des legendären Räuberhauptmanns Grasel (Infotafel). Nun auf gutem Steig entlang des felsigen Prallufers der Thaya zum Sportplatz von Raabs und

weiter zum modernen Vitalbad am Flussufer. Kurz danach über die von Norden her einmündende Mährische Thaya und weiter bis ins Zentrum von **Raabs (1)**.

Auf schönem Wanderweg am felsigen Thaya-Ufer bei Raabs.

45 ▶ Hoheneicher Seenplatte

Der Rundwanderweg durch ein Teichlabyrinth ★

Seen-Wandergenuss im Waldviertler Hochland

Die weite Moorhochfläche im Waldviertler Hochland südlich von Schrems ist übersät von zahllosen Fischteichen, von denen einige im Zuge der hier vorgeschlagenen Runde angesteuert werden. Da auf dieser Tour weder nennenswerte Höhenunterschiede bewältigt noch größere Wegdistanzen zurückgelegt werden, ist es eine gemütliche »Spazierwanderung«, die durchaus auch in Begleitung von Kindern oder älteren Personen gut machbar ist. Sie ist zu jeder Jahreszeit zu empfehlen, auch bei großer Hitze (Baden im Mitterteich!) oder an bitterkalten Wintertagen, an denen bei entsprechender Schneelage dem Skilangläufer 15 Kilometer gespurte Loipen zur Verfügung stehen. Daneben lohnt auch der kulturelle Mittelpunkt der Gemeinde, die zwischen 1776 und 1784 erbaute barocke Marien-Wallfahrtskirche von Hoheneich (mit Gnadenstatue und Mirakeltür) einen Besuch.

KURZINFO

Ausgangspunkt: Hauptplatz von Hoheneich südlich der Pfarrkirche. Markt und Wallfahrtsort, 521 m (Bushalt, Parkplätze), am Westrand der Waldviertler Seenplatte.
Gehzeit: 2.30 Std.
Höhenunterschied: 60 m.
Anforderungen: Einfache Wanderung, die auf unmarkierten Naturfahrwegen verläuft.
Kinder: Unschwierige Tour ohne nennenswerte Höhenunterschiede, die auch mit Kindern Spaß macht, vor allem dann, wenn das Unternehmen mit einem abschließenden Besuch des Hoheneicher Freibads verbunden wird.
Einkehr: Mehrere Gastbetriebe in Hoheneich. Unterwegs keine Einkehr.
Bademöglichkeit: Freibad Hoheneich am Westufer des Mitterteichs (Naturbadeteich) mit Liegewiese, Umkleidekabine, WC und Jausenstation. Im Sommer ab 10 Uhr geöffnet, Tel. +43 (0)2852 52664, www.hoheneich.at/mitterteich.
Hinweis: Besondere Vorsicht beim Überqueren der Bahngleise!
Karte: F&B WK 075.

Erholsame Stille am Ulrichsteich.

Vom Hauptplatz in **Hoheneich (1)** die Nondorfer Straße (rot markiert, Weg Nr. 650) zur Linksabzweigung eines Fahrwegs am südlichen Ortsrand und auf ihm nach Osten hinab zu ebener Wiese. Über diese und durch Waldparzellen weiter, später nahe dem Gleis der Franz-Josefs-Bahn, rechts am Holzteich vorbei, zu Linkskurve. Nordostwärts zu einem unbenannten Teich, dann in den Wald und dort zur Verzweigung **»Blauer Spitz« (2)** mit Fischerhütte am Westufer des Ullrichsteichs.

Rechts auf Fahrweg durch Wiesen, an einer Lacke vorbei, nach Süden, dann weglos über das Gleis der Franz-Josefs-Bahn (Vorsicht!) zu querendem Fahrweg. Diesen 200 m neben der Bahn nach links bis zu einer Verzweigung. Hier rechts den Waldfahrweg in Südostrichtung leicht bergauf, später über den Damm zwischen Karfreitagsteich und Edlauteich zu einer **Gabelung (3)**. Rechts haltend am Nordufer des Edlauteichs ostwärts zur Lichtung »Hofstätten« mit Querweg. Auf ihm

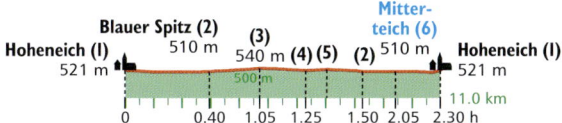

Am Amtwiesteich im Osten der Hoheneicher Seenplatte.

nach links (Norden) bergab, dann zwischen Amtwiesteich und Althöllteich durch zu einer **Teilung (4)**. Rechts haltend über den Damm des Althöllteichs und jenseits zu Verzweigung. Links eben nach Nordwesten wieder zum Bahngleis, das traversiert wird, danach nordwärts zur **Straße Pürbach – Hoheneich (5)**. Die Straße (rot bezeichneter Weg Nr. 650) 400 m nach links zu Verzweigung. Links auf Naturfahrweg 150 m nach Süden zu einem Jägerstand, dann nach rechts (Westen) zu querender Forststraße, diese nach links zum Ullrichsteich und dort über den Damm zur bekannten Verzweigung **»Blauer Spitz« (2)**. In Richtung Hoheneich 50 m nach Westen zu einer Teilung. Halbrechts auf Fahrweg im Wald vorerst west-, dann nordwärts zum Freibad Hoheneich am Westufer des **Mitterteichs (6)**. Über den Damm und jenseits zur Autostraße Pürbach – Hoheneich. Auf ihr 100 m nach links zu schönem Bildstock mit Rechtsabzweigung einer Naturstraße (»Steinbruchweg«). Auf ihr eine Wiesenmulde nach Westen aufwärts, dann nach links in das Ortsgebiet von Hoheneich. Dort den Hoffeldweg zur kreuzenden Lindengasse, danach durch die Braunaustraße empor zur querenden Pürbacher Straße und jenseits die Schwalbengasse steil hinauf zum Hauptplatz in **Hoheneich (1)**.

Höllgraben

Über den Altarstein und den Föhrenteich ★★

Romantiktour im nördlichen Waldviertel

Die Gegend um Litschau ist reich an unterhaltsamen Rundwegen, die, wie so oft in dem Gebiet, den Gräben mit ihren lauschigen Wäldern, murmelnden Bächen und bemoosten Granitblöcken folgen. Der romantische Höllgraben im Süden des Städtchens gilt als Geheimtipp für romantisch veranlagte Naturen. Mit dem dahinglucksenden Föhrenbach im mäandernden Bett und den oft skurril geformten Granitblöcken in den Wäldern ringsum fühlt man sich in ein Zauberreich versetzt, das zu entdecken auch Leuten mit Kindern ans Herz gelegt sei. Unter den Granitblöcken ist der Graslstein, auch »Höllstein« genannt, berühmt, denn hinter diesem Felsklotz in einer Höhle soll Räuberhauptmann Grasel im Jahr 1810 gehaust haben.

KURZINFO

Ausgangspunkt: Pfarrkirche am Stadtplatz im Zentrum von Litschau, 531 m, nördlichste Stadt Niederösterreichs am Südende des Herrensees. Bushalt, Parkplätze.

Gehzeit: 2.30 Std.

Höhenunterschied: 75 m.

Anforderungen: Unschwierige kurze Runde auf meist bezeichneten Fahr- und Fußwegen.

Kinder: Der romantische Höllgraben mit seinen eigenartig geformten Granitfelsen regt Kinderfantasien an, zudem gibt der friedliche Föhrenbach Gelegenheit zu Wasserspielereien.

Einkehr: Im Stadtgebiet von Litschau mehrere Gasthöfe; Gasthaus Otto Böhm – Schönauer Dorfwirt (8 B., ganzj. geöffnet, kein Ruhetag, Tel. +43 (0)2865 283, www.litschau.at/Schoenauer_Dorfwirt).

Bademöglichkeit: Am Herrensee und vor allem im Litschauer Strandbad am Ostufer mit Freischwimmbecken, Kinderplanschbecken, Liegewiesen, Mehrzweckspielfeld (Streetball, Basketball, Hockey, Skating), Beachvolleyballplatz, Tennisplätzen, Kinderspielplatz mit Wellenrutsche, Trampolin, Soft-Hill, Nestschaukel und Seilbahn.

Bootsverleih: Verleih von Ruder-, Tret- und Elektrobooten, Surfbikes und Kajaks

vor den Toren Litschaus, am Südufer des Herrensees.

Tipp: Die hier vorgestellte Wanderung kann gut mit einer Umrundung des Herrensees (Tour 47) kombiniert werden. Gehzeit für beide Runden zusammen: 3.45 Std.

Karte: F&B WK 075.

Birken und sanfte Wiesen am Föhrenteich südlich von Litschau.

Von der Pfarrkirche in **Litschau (1)** den Stadtplatz nach Osten aufwärts zur Straßenkreuzung. 20 m davor rechts ab und die Stadtgrabengasse hinunter zur Wildgasse. Diese rechts haltend, am Lagerhaus vorbei, danach auf dem Höllgrabenweg nach Süden aufwärts zu dreifacher Verzweigung am Stadtrand. Halblinks den rot bezeichneten Fahrweg Nr. 4, 16 und 608 über Wiesen und Felder zur nächsten Gabelung, dort rechts auf dem Wiesenweg Nr. 4, 11, 16, 17, 608 nach Süden empor auf eine Anhöhe mit neuerlicher Verzweigung. Den Fußweg Nr. 4 100 m nach rechts zu dem im Wald stehenden **»Altarstein« (2)**, auch »Alter Stein«, ein alter Opferstein mit noch erkennbarer Blutrinne.

Zurück zum Hauptweg und diesen über Felder eben nach Süden, dann am Waldrand entlang zum schönen **Föhrenteich (3)** mit querender Naturstraße. Auf ihr (Weg Nr. 11, 16 und 608) links haltend zu einer Straßenkreuzung (Kruzifix) und über Felder geradeaus, dann an der Streusiedlung Kibitzhäuser vorbei in den Wald. Dort nach Südosten hinab in den Höllgraben und über den Föhrenbach zu einer **Verzweigung (4)**. Rechts den rot markierten Fußweg Nr. 16 und 20 durch den romantischen Waldgraben, mehrmals das Bachufer wechselnd, bis unter den mächtigen Graslstein (»Höllstein«). An Felsblöcken vorbei und neben den Bachkaskaden über Holzstiegen abwärts, später eben zur **Autostraße Gmünd – Litschau (5)**. Nach Traversierung von Straße und Schmalspurbahn auf Weg Nr. 16 und 20 neben dem Reißbach eben nach Westen, später über den Bach (Holzbrücke) und hinauf zu einem Fahrweg. Auf ihm rechts haltend im Föhrenwald aufwärts zu einer Naturstraße und diese durch Wald und Wiesen, über eine Anhöhe hinweg, nach Norden in den Ortsbereich von **Schönau (6)** mit Gabelung beim Glockenturm. Nach rechts wieder über den Reißbach zum »Gasthaus Otto Böhm – Schönauer Dorfwirt« an der Durchgangsstraße.

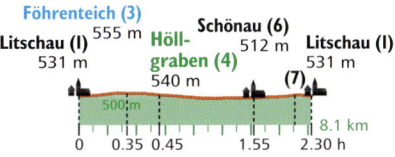

Die Straße nach Litschau, das Bahngleis überschreitend, 200 m nach Norden zur Verzweigung (Fischzucht) bei der Ortstafel. Links ab und auf Asphaltstraße (Weg Nr. 10) über das Wehr des Schönauer Teichs nach Westen zu einigen Häusern. Dort, wo die Straße zu steigen beginnt, rechts ab und am bewaldeten Westufer des Teichs auf unmarkierten Wegen eben nach Norden, später über eine Wiese empor zu den Häusern von **Seilerndorf (7)**. Nach rechts zur Langauer Straße, die bei einer Kehre erreicht wird. Auf ihr rechts haltend, unterm Schloss Litschau vorbei, nach Osten hinab in das Stadtgebiet von **Litschau (1)** und dort den Stadtplatz hinauf zurück zur Pfarrkirche.

Runde Granitbuckel im Höllgraben bei Schönau.

47 ▶ Herrensee

Von Litschau um den See herum ★

Rundwanderung um einen der schönsten Badeseen des Waldviertels
*Litschau, im Schatten einer mächtigen Burg gelegen, ist nicht nur die nörd-
lichste Stadt Österreichs, sondern auch Heimat der Musikerfamilie Schrammel, der Begründer der berühmten Wiener Schrammelmusik. Die Komponisten und Geiger Johann und Josef Schrammel gründeten 1878 mit dem
Gitarristen Anton Strohmayer in Wien ein kleines Ensemble, mit dem sie die
von ihnen komponierten Lieder, Märsche, Tänze und Walzer in Heurigen-
betrieben und Gaststätten darboten. In Erinnerung an den in Litschau gebo-
renen Vater der Schrammelbrüder, Kaspar Schrammel, wird jährlich am Herrensee das berühmte Schrammel Klang Festival (im Herrenseetheater am
Litschauer Strandbad) veranstaltet. Der 2 km lange, von Wäldern flankierte
Herrensee im Norden der Stadt ist begehrtes Ziel von Wassersportlern bei-
nahe jeder Disziplin, und auch der Spaziergänger und Wanderer findet ein
reiches Betätigungsfeld. So kann der See auf einem 4,3 km langen beschilderten Weg in einer guten Stunde umrundet werden, mit Bademöglichkeit
im Litschauer Strandbad.*

KURZINFO

Ausgangspunkt: Stadtplatz im Zentrum von Litschau, 521 m, nördlichste
Stadt Niederösterreichs am Südende des
Herrensees. Bushalt, Parkplätze.
Gehzeit: 1.15 Std.
Höhenunterschied: Keiner.
Anforderungen: Kurze Promenaden-
wanderung auf markierten und beschilderten Wegen. Bei jedem Wetter und zu
jeder Jahreszeit möglich.
Kinder: Kinder wird man für diese
Kurzwanderung rings um den romantischen Herrensee leicht motivieren können. Sie ist ohne Anstrengung zu bewältigen, wobei gegen Ende der Runde das
erlebnisreiche Litschauer Strandbad zu
einem Besuch einlädt.
Einkehr: Restaurant (Sommerbewirt-
schaftung) am Strandbad Herrensee in
Litschau. Im Ortsgebiet von Litschau mehrere Gastbetriebe.
Bademöglichkeit: An den Ufern des
Herrensee und vor allem im Litschauer
Strandbad am Ostufer mit Freischwimmbecken, Kinderplanschbecken, Liegewiesen, Mehrzweckspielfeld (Streetball,
Basketball, Hockey, Skating), Beachvolleyballplatz, Tennisplätzen, Kinderspielplatz mit Wellenrutsche, Trampolin,
Soft-Hill, Nestschaukel und Seilbahn. An
Badetagen von Anfang Mai bis Ende
Sept. ab 10 Uhr geöffnet (Eintritt,
Tel. +43 (0)2865 5385).
Bootsverleih: Verleih von Ruder-, Tret-
und, Elektrobooten, Surfbikes und Kajaks vor den Toren Litschaus, am Südende des Herrensees.
Variante: Von der erwähnten Verzweigung am Herrensee-Westufer erreicht
man auf gutem Fußweg in 10 Min. das
Geburtshaus von Kaspar Schrammel
(geb. 6.1.1811), dem Vater der Schram-
mel-Brüder. Das auf einer Wiese gelegene einfache Haus (Hörmanns Nr. 44)
kann nur von außen angesehen werden!
Hinweis: Im Winter bietet der zugefro-
rene Herrensee Gelegenheit zum Eislau-
fen und Eisstockschießen.
Tipp: Einen Besuch wert ist das Herrenseetheater (Konzert- und Theaterauf-
führungen) im Strandbadbereich von
Litschau.
Karte: F&B WK 075.

Die Stadt Litschau vom Westufer des Herrensees.

Vom Stadtplatz in **Litschau (1)** 50 m nach Norden zum Verzweigungspunkt (Orientierungstafel) am Ufer des Herrensees. Auf dem breiten Weg Nr. 10 (Fitness-Parcours, Bänke) nach links über Staudamm und Seeabfluss in die Südbucht, die im weiten Rechtsbogen (schöner Stadtblick!) ausgegangen wird. Am Westufer entlang bald durch Wald nach Norden zu einem Granitblock mit **Gedenkkreuz (2)**, später an Privathäusern vorbei zu einer Liegewiese (Unterstandshütte, Kinder-Spielplatz, Bänke) und danach zu einer **Verzweigung (3)**, an der links die Variante zum Schrammel-Geburtshaus führt. Am bewaldeten Ufer weiter zum Nordende des Sees. Noch vor dem Erreichen der Auto-straße Litschau – Hörmanns nach rechts auf einer Brücke über den zufließenden **Reißbach (4)** und jenseits rechts haltend auf dem Ostuferweg Nr. 08, 10, 20 und 608 im Wald nach Süden zum **Strandbad Herrensee (5)**, danach zu einem Pavillon. Am Waldufer weiter zum Verzweigungspunkt am Südufer und dort links haltend zum Stadtplatz von **Litschau (1)**.

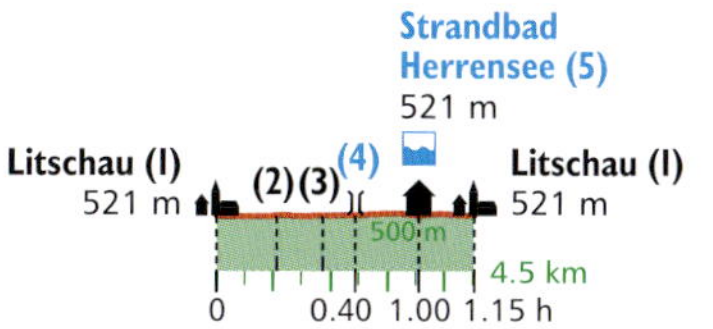

48 ▶ Im Nationalpark Donau-Auen

Von Schloss Orth in die Auen und zum Uferhaus ★

Auenwanderung am Rande der Großstadt Wien

Für viele Wiener ist es ein beliebter Sonntagsausflug, zum Fischessen nach Orth an der Donau ins Uferhaus zu fahren. Hier kann man aber noch mehr als gut essen: Es liegt nahe, diesen Ausflug ins Grüne mit einer Wanderung durch den Nationalpark Donau-Auen, der »grünen Lunge Wiens«, zu verbinden. Gerade im Bereich von Orth, wo das Augebiet seine größte Ausdehnung hat, wurde durch die Verbindung von Altarmen mit der Donau eine ungeahnte Dynamik in das Ökosystem der Au gebracht. Bei Hochwasser wird das Augebiet regelmäßig überflutet, dadurch werden immer wieder Nährstoffe in diesen Bereich eingebracht, was wiederum die Tier- und Pflanzenpopulation positiv beeinflusst.

Der Nationalpark Donau-Auen, zwischen den Städten Wien und Bratislava am linken Donauufer gelegen, bewahrt eine der größten Flussauen-Landschaften Mitteleuropas. Die hier noch frei fließende Donau (neben der Wachau der letzte frei fließende Abschnitt der Donau in Österreich) gestaltet durch ihre wiederkehrenden Hochwasser das Augebiet immer wieder neu. Von Wien als auch von Bratislava in kurzer Zeit, zum Teil auch mit öffentlichen Verkehrsmitteln zu erreichen, beeindruckt das Augebiet nicht nur durch den uralten Baumbestand an gewaltigen Schwarz- und Silberpappeln, Eschen und Ulmen, sondern vor allem durch eine überaus vielfältige Tierwelt mit Wildschwein, Hirsch, Biber und Seeadler, um nur einige zu nennen. Dem listigen Biber bei seiner kräftezehrenden Nagetätigkeit zusehen zu können, den prächtig bunten Bienenfresser bei der Ausstattung seiner Wohnhöhlen zu beobachten oder, kurz vor Sonnenuntergang, den Rothirsch stolz über die taunassen Wiesen schreiten zu sehen, das sind Privilegien, die sich der Besucher leicht vergönnen kann.

Der kleine Schutzhafen beim Uferhaus an der Donau.

KURZINFO

Ausgangspunkt: Nationalparkzentrum im Schloss Orth. Parkmöglichkeit am Jägergrund, 100 m westlich des Nationalparkzentrums in Orth an der Donau, 150 m, Marktgemeinde am nördl. Donauufer östl. von Wien und Zentrum des Nationalparks Donau-Auen. Bushalt. Es ist auch möglich, mit dem 1. Wiener Bootstaxi (Info: www.bootstaxi.com) oder mit dem Fahrrad entlang des Donau-Radwegs zum Uferhaus zu gelangen. Personen- und Radfähre zwischen Haslau (Südufer der Donau) und Orther Uferhaus (Betrieb zw. 1. April und 31. Okt. von 9–18 Uhr, Tel. +43 (0)664 4210058, www.faehre-orth.at).
Gehzeit: 3 Std.
Höhenunterschied: Wenige Meter.
Anforderungen: Einfache Wanderung auf unbefestigten Fahr- und Fußwegen.
Kinder: Für Kinder problemlos zu begehender Rundweg mit zahlreichen »Hinguckern« für unsere Kleinen. Abenteuerspielplatz in Form eines gestrandeten Piratenschiffes auf der Lagerwiese beim Uferhaus.
Einkehr: Humer's Uferhaus, 149 m, direkt an der Donau, Orth, Uferstraße 20 (keine Nächtigung, geöffnet von 1. Feb. bis Anfang Nov., Ruhetage Mo., Di., Mi., im Juli, im August kein Ruhetag, Tel. +43 (0)664 1800322, www.uferhaus.at); Schiffscafé »Struden« bei der Schiffsanlegestelle Orth (geöffnet vom 1. April bis 31. Okt., tägl. 9–18 Uhr, Tel. +43 (0)664 4210058); Gasthöfe in Orth.
Bademöglichkeit: Wildbadeplätze bei den Orther Inseln (bei WP 7), etwa 1 km stromabwärts vom Orther Uferhaus. Schotter-, Kies- und feinste Sandstrände.
Tipps: Nationalparkzentrum im Schloss Orth, geöffnet vom 21. März bis 1. Nov. 9–18 Uhr, im Oktober bis 17 Uhr (Info: Tel. +43 (0)2212 3555, www.donauauen.at). Neben dem kleinen Tierpark auf der Schlossinsel werden, im Rahmen von wechselnden Ausstellungen, Tier- und Pflanzenwelt dem Besucher näher gebracht. Besichtigung einer originalgetreu nachgebauten Schiffsmühle mit 12 m breitem Schaufelrad im kleinen Hafen beim Orther Uferhaus. Von dort auch Donaurundfahrten mit einer Tschaike (schmale, ruderbare Militärschiffe aus dem 16. Jh.) von Anfang April bis Mitte Okt., an Sonn- und Feiertagen um 14 und 15.30 Uhr, Tel. +43 (0)664 3341422, www.schiffmuehle.at.
Hinweis: Während oder kurz nach einem Hochwasser ist die Au nicht zugänglich!
Karte: F&B WK 013.

Wanderung durch die frühlingshafte Orther Au.

Vom **Nationalparkzentrum** auf der Schlossinsel von **Orth (1)** 100 m die Wiener Straße in westlicher Richtung zu einer Polizeidienststelle. Dort links ab, über den Fadenbach und den Jägergrund in südwestlicher Richtung weiter zum Nationalpark-Eingang und gleich darauf zu einer **Wegteilung (2)** mit Wegtafel. Links ab auf gelb und blau markiertem Fahrweg (Pfeil Uferhaus) und entlang des Sportplatzes zu einer Rastbank. Geradeaus weiter auf bequemem Fußweg durch lichten Auwald mit Eichen und Eschen zu einer kleinen Brücke über einen Graben und kurz darauf zum Radweg auf dem **Marchfelddamm (3)**, der zwischen Wien und der Mündung der March das Marchfeld vor den Hochwassern der Donau schützt.

Auf Stiegen über den Damm hinweg und entlang des Fadenbaches durch die nun feuchtere Au mit überwiegend Weiden und Pappeln nach Süden. Auf einer Holzbrücke über einen Altarm zur Einmündung in einen unbefestigten **Fahrweg (4)**, über ihn erfolgt der Rückweg. Zunächst jedoch links haltend entlang dem Fadenbach zu einer Furt und gleich darauf zu einer Abzweigung (rechts führt der direkte Weg zum Uferhaus). Die Fahrstraße links haltend weiter zur querenden **Uferstraße (5)** zwischen Orth und dem Uferhaus. Über die Straße hinweg und den orange markierten Fußweg (Uferhausrunde) nach Osten entlang einer langgestreckten Wiese, dann südlich des Fadenbaches zu einem **Rastplatz (6)**, wo sich der Weg markant nach Südosten wendet. Nun durch dichtes Augebiet zu einem Altarm und diesem entlang in östlicher Richtung zum **Treppelweg (7)** an der Donau. Hier, am Ende eines Leitwerkes (Wasserbauwerk längs dem Ufer), befinden sich stromabwärts die Wildbadestrände der Orther Inseln, mit herrlichen Kies- und Sandstränden, wo man

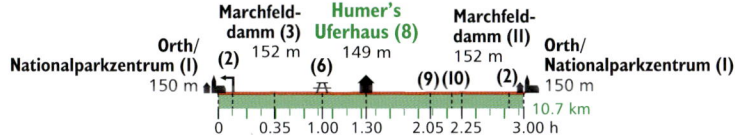

Orth/
Nationalparkzentrum (I)
150 m
(2)
Marchfeld-
damm (3)
152 m
(6)
Humer's
Uferhaus (8)
149 m
(9)(10)
Marchfeld-
damm (II)
152 m
(2)
Orth/
Nationalparkzentrum (I)
150 m

10.7 km

0   0.35   1.00 1.30   2.05 2.25   3.00 h

baden kann. Von den Orther Inseln entlang der Donau den Treppelweg stromaufwärts, vorbei am Gerold-Gedenkstein zu **Humer's Uferhaus (8)** an der Mündung der beiden Altarme Große und Kleine Binn in die Donau (Fähre nach Haslau, Abenteuerspielplatz, Tschaikenfahrten).

Vom Uferhaus entlang des Ufers der Kleinen Binn stromaufwärts (rote Zeichen) auf schönem, etwas sandigem Fußweg mit herrlichen Ausblicken auf den Altarm der Donau. Die Rechtsabzweigung des direkten Wegs zur Uferstraße und nach Orth bleibt unberücksichtigt (Wegpfeil). Später rechts haltend, entlang eines Nebenarmes der Kleinen Binn, zum bereits begangenen **Fahrweg (4)**. Den Fahrweg links haltend durch eine Furt zur Rechtsabzweigung des bereits von Orth her begangenen Wegs, dann links die Fahrstraße weiter (gelbe Zeichen), bis diese in südlicher Richtung zur Tierbodentraverse abbiegt. Auf Karrenweg gerade weiter zu einem, nicht nur bei Tierfilmern besonders beliebten Wegabschnitt an der Kleinen Binn, wo man mit etwas Glück Biber bei der Arbeit oder die von ihnen angenagten Bäume sehen kann. Bei einer **Rastbank (9)** geradeaus weiter (gelb bezeichnet) über eine Wiese, dann durch Auwald zu querendem Karrenweg bei der alten Tanzeiche mit **Baummarterl (10)**. Nun den Karrenweg in nördlicher Richtung zum **Marchfelddamm (11)**, der mittels einer Wegschleife überquert wird. Nordöstlich durch Auwald und über Wiesen zu einem Baum-Marterl bei der Links-Einmündung einer Forststraße und weiter zur **Wegteilung (2)** und zum **Nationalparkzentrum** in **Orth (1)**.

Rastplatz bei der jahrhundertealten Tanzeiche.

49 ▶ Durch die Stopfenreuther Au

Von Bad Deutsch-Altenburg in die Au ★★

Zur Brücklwiese, wo österreichische Geschichte geschrieben wurde!

Die etwas Älteren unter uns können sich sicher noch an den Dezember 1984 erinnern, als in der klirrend kalten Stopfenreuther Au mehr als 4000 entschlossene Kraftwerksgegner eine Abholzung der Au und dadurch den Bau eines Wasserkraftwerkes verhinderten. Die Folge war die Schaffung des Nationalparks Donau-Auen, eines Parks, der den meisten von uns erst die Augen für die großartige Natur entlang der Donau geöffnet hat. Heute können wir die Früchte dieser richtungsweisenden Aktion ernten. Auf bequemen Wegen wandert man durch eine traumhafte, sich ständig verändernde Auenlandschaft, die in großen Bereichen durch die Hochwasser der Donau geprägt wird.

Der Nationalpark Donau-Auen besteht im Westen, im Stadtgebiet von Wien, aus der Lobau, dem Wasserwald oder auch »Dschungel der Wiener« genannt, östlich daran anschließend aus einem durchgehenden Auengürtel, der nach den unmittelbar dahinterliegenden Ortschaften benannt wird, bei unserer Tour also die Stopfenreuther Au. Bis zum Beginn der Donauregulierung im Jahr 1870 bestand dieses Gebiet aus zahlreichen Inseln im weit verzweigten Donaustrom und war ausschließlich dem kaiserlichen Hof als Jagdrevier vorbehalten, wovon noch die zahlreichen Jagdschlösser, wie Eckartsau, Orth oder Niederweiden, zeugen.

Aber auch der an Kultur Interessierte kommt bei dieser Wanderung auf seine Kosten. So lohnen in Bad Deutsch-Altenburg sowohl die aus dem 13. Jahrhundert stammende Marienkirche und deren Karner als auch der Riesengrabhügel »Hütelberg« einen Besuch.

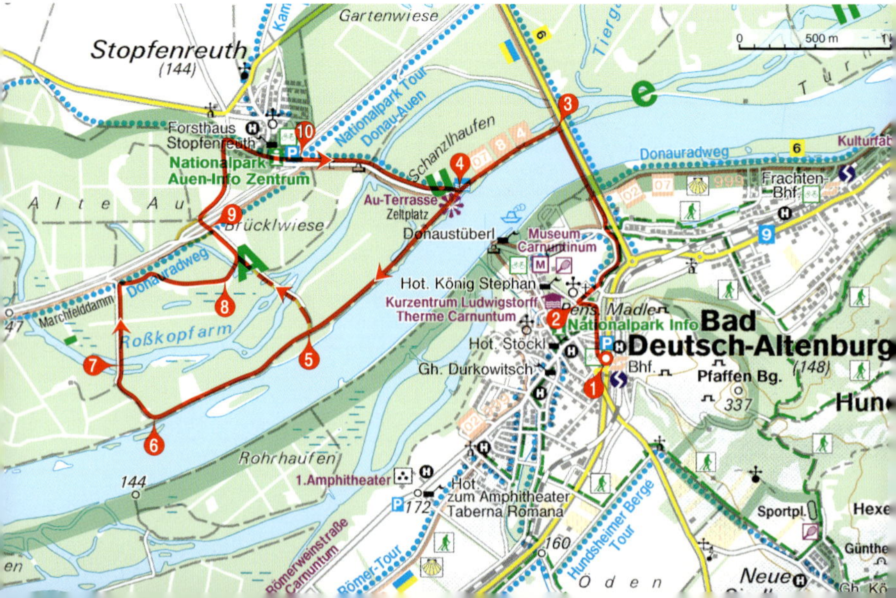

Badestrand bei der Au-Terrasse an der Donau.

KURZINFO

Ausgangspunkt: Bhf. Bad Deutsch-Altenburg, 169 m, Kurort (stärkste Jod-Schwefelquelle Europas) am rechten Donauufer, 3 km stromaufwärts von Hainburg. Haltestelle der Schnellbahn S7 Wien-Wolfsthal, Bushalt. Wer mit dem Privatauto anreist, beginnt die Wanderung in Stopfenreuth, 144 m, am Rande des Nationalparks Donau-Auen (Zeitersparnis 1.30 Std.).

Gehzeit: 3.30 Std.

Höhenunterschied: 100 m.

Anforderungen: Einfache Wanderung auf gut trassierten Wegen. Teilweise Orientierungssinn erforderlich.

Kinder: Von der Nationalpark-Verwaltung werden ständig Erlebniswanderungen speziell für Kinder angeboten. Info: Tel. +43 (0)2212 3555, www.donauauen.at. Neben der Beobachtung von vielen Kleintieren, die ständig in der Au unterwegs sind, kommen der Wildbadeplatz (Sandstrand) bei der Au-Terrasse sowie die zahlreichen Wiesen dem Spieltrieb der kleinen Wanderer sehr entgegen.

Einkehr: Restaurant Forsthaus Stopfenreuth mit Auen-Informations-Zentrum/AIZ (geöffnet Mitte April bis Ende Sept.

tägl. 9–20 Uhr, Tel. +43 (0)2214 2232, www.forsthaus.stopfenreuth.at und www.donauauen.at, Zimmervermittlung, Kanu- und Radverleih); Gasthof Auhirsch (keine Nächtigung, ganzj. geöffnet, Sa. Ruhetag, Tel. +43 (0)2214 22011).

Bademöglichkeit: Wildbadeplatz mit Naturstrand am Donauufer bei der zweigeschossigen Au-Terrasse (WP 4) und stimmungsvoller Lagerwiese (Zeltmöglichkeit, Feuerstelle).

Hinweis: Während oder kurz nach einem Hochwasser ist die Au nicht zugänglich!

Variante: Wer die Wanderung auf teilweise ungebahnten Wegen vermeiden oder die Wanderung abkürzen möchte, zweigt vom Treppelweg (WP 5) scharf rechts ab und gelangt durch Auwald zum Ufer des Roßkopfarmes (idyllischer Rastplatz). Über einen mit Durchlässen versehenen Erddamm hinweg in nördlicher Richtung zur Brücklwiese und weiter zum Rastplatz (WP 9). Zeitersparnis 45 Min.

Tipp: Ein großartiges Erlebnis ist es, die Au und deren Tierwelt im Rahmen einer Kanufahrt zu erkunden. Morgens- und Abendfahrten zwischen April und Oktober. Anmeldung erforderlich! Info: www.donauauen.at.

Karte: F&b WK 013.

Auwald an der Donau. Links ein von einem Biber angenagter Baum.

Vom Bahnhof von **Bad Deutsch-Altenburg (1)** in nördlicher Richtung die Hainburgerstraße sanft aufwärts zum rätselhaften, 16 m hohen Riesengrabhügel »Hütelberg« und weiter zur sehenswerten romanisch-gotischen **Marienkirche (2)** aus dem 13. Jh., hoch auf einem Felsplateau über der Donau. Von der Kirche zur Straße Am Stein und diese links haltend abwärts zur Rechtsabzweigung des Geh- und Radwegs zur Donaubrücke. Über diesen zur Brücke und an das linke Donauufer. Über einen **Stiegenturm (3)** auf der stromabwärtigen Seite der Brücke hinab zum Treppelweg an der Donau. Den bequemen Weg am Donauufer entlang stromaufwärts, wobei vorgesehene Hochwasser-Überströmungen in das Augebiet mit Steinen gepflastert sind, zum kleinen Yachthafen bei der zweigeschossigen **Au-Terrasse (4)** mit Informationsstelle, Lagerwiese, Campingplatz und Naturbadeplatz.

(Rechts zweigt die asphaltierte Straße direkt nach Stopfenreuth ab.) Von der Au-Terrasse auf dem Treppelweg direkt am Ufer der Donau entlang durch herrliche alte Auwälder, wo man die eifrige Tätigkeit mancher Biber an sanduhrförmig angenagten oder umgestürzten Baumriesen erkennen kann. Im Rückblick die gewaltige Donaubrücke, der Ort Hainburg mit dem Hundsheimer Berg sowie dem Schloss- und Braunsberg. Bei einer **Infotafel (5)**, noch vor der Schwalbeninsel, zweigt scharf nach rechts der direkte Weg zur Brücklwiese und nach Stopfenreuth ab (siehe Variante).

Auf dem durch Auwald beschatteten Weg geradeaus weiter zur Schwalbeninsel, einem Brutgebiet zahlreicher Vogelarten (Zugang verboten!). Etwa in Höhe des stromaufwärtigen Endes der Schwalbeninsel, bei einer Info-Tafel, zweigt nach rechts ein unbezeichneter **Fahrweg (6)** ab. Auf

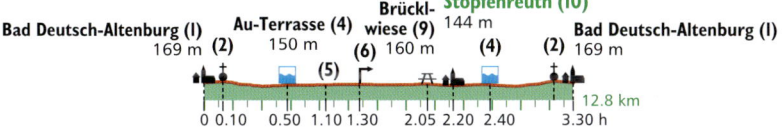

Bad Deutsch-Altenburg (I)
169 m **(2)**
Au-Terrasse **(4)**
150 m
(5)
Brückl-
wiese **(9)**
(6) 160 m
Stopfenreuth **(10)**
144 m
(4)
Bad Deutsch-Altenburg (I)
169 m **(2)**

12.8 km

0 0.10   0.50 1.10 1.30   2.05 2.20 2.40   3.30 h

ihm durch Auwald zum idyllischen Roßkopfarm, einem abgetrennten Flussarm der Donau, der über einen **Erddamm (7)** gequert wird. Geradeaus weiter durch Auwald zu den Wiesen beim Marchfelddamm. Nun entweder auf der Dammkrone in östlicher Richtung zur Brücklwiese oder – interessanter –, bevor man den Damm erklimmt, rechts ab und auf unbezeichneten Wegspuren am nördlichen Rand mehrerer langgestreckter Wiesen ostwärts zu einem alten Karrenweg. Durch Auwald weiter zu einem querenden **Fahrweg (8)** und auf ihm links haltend hinaus zur geschichtsträchtigen Brücklwiese, wo man den direkten Auwanderweg erreicht. Heute ist die Brücklwiese ein Platz mit den herrlichsten Wiesenblumen und zugleich ein riesiger Spielplatz, im Winter des Jahres 1984 war hier das Zentrum des Widerstandes gegen die Rodung der Au. Wiederum links zum Marchfelddamm (Radweg, Wegtafel) und über ihn hinweg zum Rastplatz **Brücklwiese (9)**.

Von der Rastbank auf einem schottrigen Fahrweg erst rechts entlang des Dammes, dann in nördlicher Richtung durch ein kleines Wäldchen zum Rand des Naturparks (Damm) und in den Ortsbereich von **Stopfenreuth (10)**. Rechts durch die Försterstraße, vorbei am Gasthof Auhirsch, und weiter zum Auen-Informations-Zentrum im Restaurant »Forsthaus Stopfenreuth« am östlichen Ortsrand von Stopfenreuth.

Umgestürzte Bäume verändern ständig den Lauf der Donau-Altarme.

Unterwegs am Treppelweg am Donau-Ufer im Bereich von Stopfenreuth.

Nun auf der Sackstraße über den Marchfelddamm und vorbei an einem Gefallenendenkmal und einem Hochwasserpegel zu einem Altarm mit urwaldartiger Vegetation (Furt).

Geradeaus weiter zur **Au-Terrasse (4)** an der Donau. Zurück zum Bahnhof von **Bad Deutsch-Altenburg (1)** geht es auf bereits bekanntem Weg.

Ganz allein mit den Geräuschen der Natur: am Rosskopf-Altarm.

Zwischen Donau, March und Neusiedler See **50**

Von Hainburg auf den Hundsheimer Berg ★★★

Grenzenlose Aussicht vom Wächter an der Hainburger Pforte

Eine Wanderung auf den Hundsheimer Berg, dem Hausberg von Hainburg, der östlichsten Stadt Österreichs, hat auf den ersten Blick nichts mit dem Thema dieses Büchleins, den Wasser-Wanderungen, zu tun, denn es ist kein Wasser weit und breit auszumachen. Im Gegenteil, hier befinden sich die herausragendsten pannonischen Fels- und Wiesensteppen Österreichs, was auch auf einen Mangel an Wasser zurückzuführen ist. Auf der Gipfelkuppe des Hundsheimer Berges wird der Bezug jedoch schnell klar: Wir empfehlen diese Wanderung in erster Linie wegen ihres umfassenden Ausblicks zu den Feuchtgebieten an Donau und March zwischen Wien und Bratislava sowie auf den größten Steppensee Österreichs, den Neusiedler See. Auch sonst hat dieser Berg an der Hainburger Pforte, der eigentlich schon zu den Karpaten gehört, Außergewöhnliches zu bieten. Neben der für Paläontologen äußerst interessanten Güntherhöhle mit 700.000 Jahre alten Knochenfunden befindet sich am Südabhang des Berges das Denkmal für den ersten motorlosen Flug in Österreich im Jahre 1924.

K U R Z I N F O

Ausgangspunkt: Hexenbergweg in Hainburg a. d. Donau, 161 m. Mittelalterstadt, Bus- und Bahnhalt. Bei Anreise mit Bus oder Bahn vom Hauptplatz in Hainburg die Hauptstraße nach Südwesten zum mittelalterlichen Wienertor (bedeutendstes Stadttor Europas). Von dort nach Südosten die Hummelstraße aufwärts bis zum rechts abzweigenden Hexenbergweg, gegenüber der Marc-Aurel-Kaserne, am Fuß des Schlossberges (dort nur eingeschränkte Parkmöglichkeit). Zugang 25 Min.
Gehzeit: 2.30 Std.
Höhenunterschied: 380 m.
Anforderungen: Einfache Wanderung auf gut bezeichneten Steigen. Am Abstieg vom Gipfel zum Roten Kreuz ist auf dem steinigen Weg etwas Vorsicht erforderlich.
Einkehr: Gasthöfe in Hainburg und Hundsheim. Unterwegs keine Einkehr. Hainburger Hütte (Unterstandshütte) am Gipfel des Hundsheimer Berges, an Sonntagen gelegentlich bewirtschaftet.

Bademöglichkeit: Bergbad in Hainburg, am Fuße des Braunsbergs, an der Donau, nordöstlich des Stadtzentrums.
Tipp: Das Naturschutzgebiet Hundsheimer Berg mit Funden sehr seltener Tier- und Pflanzenarten ist ein Muss für botanisch oder zoologisch Interessierte.
Karte: F&B WK 013.

Blick vom Hundsheimer Berg zu den Auen der Donau östlich von Wien.

Den Hexenbergweg, 196 m, in **Hainburg (1)**, hinauf bis zum Ende der Straße (Schranke) und auf Fußweg weiter in den Wald (Pfeil »Die aussichtsreichen Drei«) bis zu querendem Weg. Auf diesem ca. 50 m nach rechts zu einer **Abzweigung (2)**. Schräg links ab und in weiten Kehren auf gutem, aber unbezeichnetem Steig den bewaldeten Nordhang des Hundsheimer Berges aufwärts. Nach einer längeren Hangquerung in südlicher Richtung rechts hinaus zum Nordkamm und dort auf Steigspuren rechts hinab zu einer Wiese mit dem berühmten **Hainburg-Blick (3)** mit Signalstange (Absturzgefahr!). Von den steil nach Hainburg hin abfallenden Felsklippen imponierender Tiefblick auf Hainburg mit Schlossberg und Braunsberg dahinter. Jenseits der Donau der Arpad-Felsen mit Burg Theben über der Marchmündung, ferner die slowakische Hauptstadt Bratislava (Pressburg) zu Füßen der Kleinen Karpaten. Zurück zum Hauptweg und in der Nordwestflanke des Bergs durch Wald und über Lichtungen zu einer Weggabel. Rechts haltend weiter zu

Rastplatz beim Roten Kreuz, ab Südabhang des Hundsheimer Berges.

Hainburg an der Donau vom Hainburg-Blick. Rechts dahinter der Braunsberg und der Thebner Kogel in der Slowakei.

einer Verzweigung bei einem historischen **Grenzstein (4)** aus dem Jahr 1671 (Pfeil zum Gipfel). Links ab und mäßig steil hinauf zur baumfreien Gipfelzone und geradeaus weiter zur Hainburger Hütte mit dem Gipfelkreuz des **Hundsheimer Berges (5)**. Umfassender Blick bis zum Neusiedler See, über das gesamte Wiener Becken, nach Wien und zur ausgedehnten Auenlandschaft der Donau-March-Auen.

Vom Gipfel auf bequemen Wiesenweg in südlicher Richtung die Kuppe sanft abwärts, vorbei an den Abzweigungen zur Großen Klamm rechts und am **Junzenweg (6)** links, in ein von Felsen durchsetztes Trockenrasengebiet mit zahlreichen Informationstafeln am sogenannten Hexenberg. Den steiniger und steiler werdenden Toni-Kahlbacher-Steig hinab zum **Fliegerdenkmal (7)**, das an den ersten motorlosen Flug auf diesem Gelände im Jahr 1924 erinnert. Links haltend weiter hinab

zum idyllischen **Roten Kreuz (8)**, mit Rastplatz (nach rechts zur Güntherhöhle) inmitten einer Baumgruppe. Weiter links in nördlicher Richtung über Wiesen und durch Wald hinauf zum **Weißen Kreuz (9)** knapp unterhalb eines Sattels bei querender Forststraße. Über den Sattel hinweg und nach Norden abwärts in ein enges Waldtal. Nach Querung einer **Forststraße (10)** eben hinaus in das Siedlungsgebiet von Hainburg (Schranke) und zur Hummelstraße. Durch diese abwärts zum Ausgangspunkt in **Hainburg (1)**.

Ist man mit der Bahn angereist, geht es weiter die Hummelstraße hinab zum Wienertor und dort nach rechts zum Hauptplatz und zum Bahnhof.

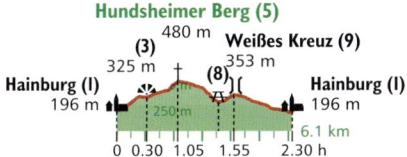

51 ▶ Um die Lange Lacke

Im Nationalpark Neusiedler See – Seewinkel ★

Ein Natur- und Vogelparadies am Rande der Puszta

Eine Wanderung rund um die Lange Lacke bei Apetlon, der größten von über 40 salzhaltigen Lacken im burgenländischen Seewinkel, ist etwas für Spezialisten. Neben dem Interesse für Wasservögel will auch der Zeitpunkt der Wanderung genau gewählt werden. Wer sich in den Morgen- oder Abendstunden eines Frühlings- oder auch Herbsttages in die topfebene Steppe rings um die Lange Lacke begibt, der wird von der Schönheit der Natur und dem überquellenden Leben und Treiben der fliegenden Steppenbewohner überwältigt sein. So brüten hier im Frühjahr Watvögel wie Säbelschnäbler, Uferschnepfe und Goldregenpfeifer und auch die frechen Kiebitze zeigen ihre akrobatischen Balzflüge. Der Herbst ist geprägt durch das spektakuläre Ereignis des abendlichen Gänsestrichs, wenn Graugänse, Saat- und Blässgänse in riesigen Scharen einfliegen, um auf ihrer Reise in südlichere Gebiete hier Rast zu machen oder auch hier zu überwintern. Um diese Zeit zeigen auch riesige Schwärme von Staren ihre Künste am Himmel. Sehr zum Leidwesen der Weinbauern, die dann um ihre Ernte fürchten.

Der Neusiedler See, der westlichste Steppensee Europas, der nicht tiefer als 2 m ist, liegt mit etwa 115 m an der tiefsten Stelle Österreichs. Sein Wasserhaushalt wird überwiegend durch Niederschlag und Verdunstung reguliert. In den Sommermonaten, wenn durch die hohe Verdunstung der Wasserstand der Lacken geringer wird, überziehen sich große Gebiete des Naturparks mit weißen Salzausblühungen. Der Seewinkel beginnt zu »blühen«.

Das 250 Jahre alte Apetloner »Hufnagelhaus«, eines der letzten erhaltenen Häuser im typisch burgenländischen Baustil.

KURZINFO

Ausgangspunkt: Nationalpark-Stüberl an der Straße Apetlon–Wallern, 3 km von Apetlon, Parkplatz. Von Apetlon 3 km Fußweg entlang der Straße, vorbei an der Hubertuskapelle bis zum Nationalpark-Stüberl. Apetlon, 120 m, Marktgemeinde im Nationalpark Neusiedler See – Seewinkel, Österreichs einzigem Steppen-Nationalpark, östlich des Neusiedler Sees gelegen. Anreise mit Pkw oder per Bus von Neusiedl am See (Bahnstation) nach Apetlon, Fahrplan unter www.oebb.at.

Gehzeit: 2.30 Std.

Höhenunterschied: Keiner.

Anforderungen: Einfache Wanderung auf breiten, unbefestigten Fahrwegen. Um die Besonderheiten dieser Tour (Vogelbeobachtung) zu entdecken, sind Zeit und Geduld erforderlich, ein Fernglas oder sogar Spektiv machen die Beobachtungen noch eindrücklicher.

Einkehr: Nationalpark-Stüberl Lange Lacke am Ausgangspunkt, 118 m, an der Straße von Apetlon nach Wallern (keine Nächtigung, geöffnet April bis Ende Okt. Fr.–So. 9–19 Uhr, Mai bis Sept. tägl. außer Do. 9–21 Uhr, Tel. +43 (0)2175 24162);

Restaurant im Feriendorf-Pannonia (2 km südöstlich des NP-Stüberls); mehrere Gasthöfe in Apetlon.

Bademöglichkeiten: In den Salzlacken besteht strengstes Badeverbot (Naturschutzgebiet)! Bademöglichkeit im Apetloner Badesee (westlich der Rosaliakapelle, 4 km nördlich von Apetlon, Zufahrt mit Auto oder Rad), Liegewiese, Strandbuffet, Spielplatz, Eintritt. Strandbad Illmitz am Neusiedler See, 8 km ab Apetlon, mehrere Restaurants, Eintritt.

Variante: Wer gerne außergewöhnliche Landschaftspunkte besucht, kann von der Hubertuskapelle (auf halbem Weg zwischen Apetlon und dem Nationalpark-Stüberl) 1,8 km nach Südosten auf einem Agrarweg zum tiefsten Punkt Österreichs gelangen, 114 m. Informationstafel.

Hinweis: Informationszentrum Nationalpark Neusiedler See – Seewinkel, Hauswiese, 7142 Illmitz (ganzj. geöffnet, April bis Okt. tägl. 8–17 Uhr, Nov. bis März Mo.–Do. 9–16 Uhr, Fr. bis 12 Uhr, Sa., So., feiertags geschlossen, Tel. +43 (0)2175 3442, www.nationalpark-neusiedlersee-seewinkel.at).

Tipp: Es ist auch möglich, die gesamte Tour mit dem Fahrrad zu unternehmen. Radverleih in Apetlon.

Karte: F&B WK 271.

![Ziehbrunnen und Schilfzelt in der Grassteppe am Rande der Langen Lacke.]

Ziehbrunnen und Schilfzelt in der Grassteppe am Rande der Langen Lacke.

Vom **Nationalpark-Stüberl (1)** über die Straße Apetlon – Wallern hinweg und auf einem unbefestigtem Güterweg nach Norden zu einer **Informationshütte (2)** des Nationalparks Neusiedler See – Seewinkel, mit den aktuellen Informationen über die zurzeit anzutreffenden Wasservögel. Daneben ein Aussichtsturm zur Tierbeobachtung. Von hier beginnt man die Lackenumrundung in nordwestlicher Richtung, immer auf bequemem Karrenweg und – je nach Wasserstand der Lacke – in gebührendem Abstand zur freien Wasserfläche. Ein Betreten der Wiesenflächen soll nicht erfolgen, da hier zahlreiche Vogelarten ihre Brutplätze haben.

Vorbei an zwei weiteren Beobachtungstürmen, von denen die hier zahlreich anzutreffenden Säbelschnäbler und Seeregenpfeifer zu sehen sind, gelangt man zur Einmündung des direkten Wegs von Apetlon **(3)**. Den schottrigen Güterweg scharf nach rechts und in Richtung eines in der Ferne befindlichen Gehöftes, in dem das für die Beweidung der ökologisch sehr wichtigen Hutweiden notwendige Vieh Unterschlupf findet.
Nach einem einsamen Ziehbrunnen und einer **Rastbank (4)** gelangt man zu einer weiteren **Wegteilung (5)**. Scharf nach rechts Richtung Osten kommt man in das Gebiet der Westlichen und Östlichen

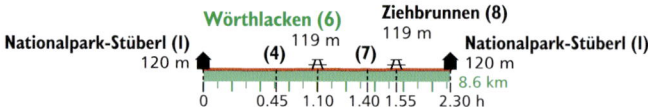

184

Wörthlacken (6). In diesem Bereich gibt es oft Salzausblühungen, die als Folge der Verdunstung des salzhaltigen Lackenwassers als weiße Ausblühungen (Soda-Schnee) auf der Bodenoberfläche sichtbar werden. Von einem leicht erhöhten Rastplatz am Rande der Wörthlacken kann man mit etwas Glück verschiedene Watvögel und Enten beobachten. Gegen Ende Oktober lockt hier alljährlich der berühmte »Ganselstrich« die Besucher an, wenn sich Hunderte von Graugänsen zum Sonnenuntergang an ihren Schlafplätzen niederlassen.

Am tiefsten Punkt Österreichs, 114 m.

Nach einem weiteren Aussichtsturm am östlichen Rand der Lacke zweigt nach rechts der **Lukas-Hoffmann-Naturpfad (7)** ab, der über gewellte Wiesen zum nächsten Rastplatz mit **Ziehbrunnen (8)** am Südrand des Gewässers führt. Ein kurzes Stück entlang eines Güterwegs in südwestlicher Richtung, dann rechts ab auf den **Antal-Festetics-Naturpfad (9)**, auf dem man zwischen Weingärten und Lackenufer zu einem weiteren Beobachtungsturm am Südufer der Langen Lacke gelangt. Von hier ist bereits wieder die **Informationshütte (2)** zu erkennen, an der vorbei man in südlicher Richtung zurück zum Parkplatz beim **Nationalpark-Stüberl (1)** gelangt.

Salzausblühungen am Ufer der Langen Lacke.

Stichwortverzeichnis

Dem Wiener Wasser auf der Spur

Wer herausfinden möchte, woher das Wiener Wasser kommt, sollte sich nach Kaiserbrunn begeben. Dort, mitten im beeindruckenden Höllental, startet der Wasserwanderweg. Der erste Abschnitt des Wanderweges führt als „alpiner Steig" mit traumhaftem Ausblick auf die Schwarza durch das Tal. **Festes Schuhwerk** gehört bei diesem Teil des Weges zur Pflichtausstattung.

Ab Hirschwang führt ein leicht begehbarer Weg entlang der Schwarza bis zum Bahnhof Gloggnitz.

BESUCH DES WASSERLEITUNGS- MUSEUMS
Außerdem befindet sich in Kaiserbrunn auch das Wasserleitungsmuseum, das einen erstklassigen Überblick über die Geschichte der Wiener Wasserversorgung bietet. Eingerichtet im Haus des ersten Wasseraufsehers aus dem 19. Jahrhundert, ist sogar das Museumsgebäude selbst ein Ausstellungsstück. Zudem kann im Rahmen einer Führung die erfrischende Atmosphäre der Kaiserbrunnquelle hautnah erlebt werden.

WASSERLEITUNGSMUSEUM KAISERBRUNN
Kaiserbrunn 5, 2651 Reichenau/Rax

INFOS, ANMELDUNG UND WANDERKARTE
Telefon: 02666 525 48

ÖFFNUNGSZEITEN
1. Mai bis Anfang November
Samstag, Sonn- und Feiertag
von 10.00–16.30 Uhr

FÜHRUNGEN
Gruppen ab 10 Personen
mit Voranmeldung: **€ 50,–**
Familien mit NÖ-Familienpass
oder Familiencard: **€ 25,–**
Öffentliche Ausbildungseinrichtungen
(z.B. Schulen): **kostenlos**
Der Eintritt ist frei.

Alle Infos zu den Sicherheitsmaßnahmen rund um Corona finden Sie hier.

Stadt Wien | Wiener Wasser

wien.gv.at/wienwasser

VOR-Freizeitticket

Unterwegs durch die Ostregion

- Die Öffi-Tageskarte für Samstag, Sonntag oder Feiertag
- Freizeitticket für NÖ und BGLD um **€ 19,90**
- Freizeitticket Plus für Wien, NÖ und BGLD um **€ 25,70**
- Bonus: Zwei Kinder bis zum 15. Lebensjahr sowie ein Hund fahren gratis mit

www.vor.at

Impressum

Titelbild: Ein Fest der Sinne: die Durchwanderung der Nothklamm bei Gams/Hieflau (Tour 24).
Bild Seite 1: Der Edlesberger Teich im Weinsberger Wald bei Gutenbrunn lädt zu beschaulichen Uferwanderungen ein (Tour 41).

Alle Fotos von den Autoren, außer S. 113 (Michael Hauleitner).

Die Autoren

Franz Hauleitner, geboren 1944, lebt in Wien und ist als Wanderer, Bergsteiger und Kletterer vor allem in den Dolomiten und in den Bergen seiner ostösterreichischen Heimat unterwegs. Im Rother Bergverlag sind von ihm diverse Dolomiten-Wanderführer sowie Wanderführer durch die Brentagruppe, die Wiener Hausberge, die Wachau, das Waldviertel, das Salzkammergut und zum Ötscher erschienen.

Rudolf Hauleitner, geboren 1948, ist allein oder mit seinem Bruder in den Wiener Hausbergen und den Dolomiten unterwegs.

Die Touren 1–8, 10–34, 41, 43 und 45–47 wurden von Franz Hauleitner, alle übrigen von Rudolf Hauleitner bearbeitet.

Kartografie:

Wanderkarten im Maßstab 1:50.000 und 1:75.000 sowie Übersichtskarten © Freytag & Berndt, Wien

3., aktualisierte Auflage 2021
© Bergverlag Rother GmbH · München
Alle Rechte vorbehalten
ISBN 978-3-7633-3145-1

MIX
Papier aus verantwortungsvollen Quellen
FSC
www.fsc.org   FSC® C021956

Liebe Bergfreunde!

Bergverlag Rother · Keltenring 17 · D-82041 Oberhaching
Tel. (089) 60 86 69-0 · Fax 60 86 69 69
E-Mail: leserzuschrift@rother.de
Besuchen Sie uns im Internet: www.rother.de